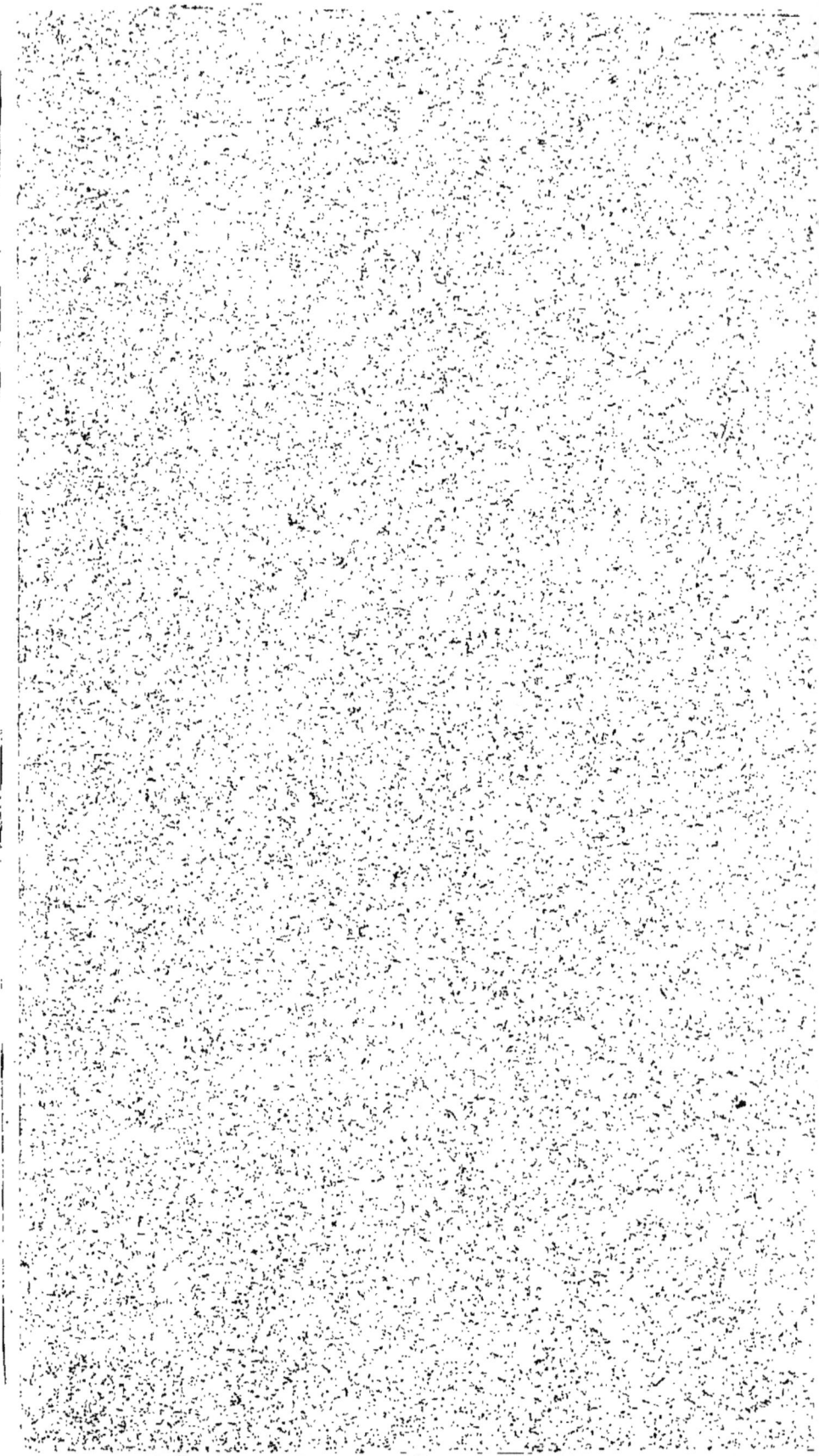

LES
CONFESSIONS
DELICATES

DES

VÉRITABLES NYMPHES
DU PALAIS - ROYAL.

IMPRIMERIE DE BRASSEUR AINÉ,
ruc Dauphine, n.º 36.

Le Cadenas parisien, ou la précaution inutile.

Oui, de cette façon, ma petite, je serai bien plus tranquille, sur ta vertu, pendant mon absence.

Pag. 59.

LES
CONFESSIONS
DELICATES
DES
VÉRITABLES NYMPHES
DU PALAIS - ROYAL,

ÉCRITES PAR ELLES-MÊMES.

Dans ces tendres aveux, dépouillés d'artifice,
On y verra du moins qu'elles se font justice.

PRIX : 1 f. 50 c.

A PARIS,

Chez TERRY, libraire, Palais-Royal,
Galerie de Bois, n°. 231.

1820.

DISCOURS

PRÉLIMINAIRE.

EULALIE

LA SCANDALEUSE,

A ses très - chères et honorées Camarades, les FILLES *du Palais, de la Capitale, Faubourgs et Banlieue.*

PERMETTEZ, chères et voluptueuses complices, que je vous dédie ces CONFESSIONS ingénues et

A *

franches ; et, puisque vous m'avez révélé sans ménagement toutes les espiégleries de votre vie galante, n'est-il pas juste que je vous fasse hommage de cette œuvre légère ? —Oui, ces Confessions sont votre ouvrage, et malgré que vous m'ayez fait l'honneur de me choisir pour le bel-esprit rédacteur de la Troupe, il n'en est pas moins vrai que tous les élémens de cette savante composition me viennent de vos propres aveux. Quel orgueil j'éprouve donc de faire connaître au public attentif et curieux, et cela avec votre approbation, tous les précieux mystères que vous m'avez confiés !.... Éloignez-vous, rimailleurs, auteurs faméliques, qui nous avez fait tant de fois agir et parler sans nous connaître ; brisez vos pinceaux grossiers, je vais déchirer tous les voiles, faire tomber tous les masques, et la pudeur s'accusera elle - même ici de ses honteux égaremens. C'est Vénus à genoux, qui, faisant son testament, demande grâce aux Dieux de ses plus secrètes erreurs. Il faut espérer qu'un si beau repentir lui méritera quelqu'indulgence. — On va bien rire, sans doute, bien s'amuser à nos dépens, me direz-vous : des Nymphes du Palais, auteurs ! C'est trop plaisant, dira ce caustique ; et pourquoi pas ? — Puisque tout le monde se mêle de littérature, pour quelle raison n'aurions-

nous pas aussi nos grands écri-
vains ?....

Venez à notre secours, ombre
de Ninon, spirituelle Sapho, érotique d'Arnould, répandez sur nos
écrits ce charme heureux qui tou-
che ; aiguisez nos traits du sel piquant de la saillie , et donnez à
notre imagination le séduisant délire de la vôtre : dites-nous surtout
comment, sans effaroucher de chastes et pudibonds regards , on peut
narrer les historiettes les plus cha-
touilleuses , les gaudrioles les plus
piquantes : et toi, immortel Piron,
le patriarche des poëtes galans ,
apprends-nous encore sur quel ton
on doit parler des folies de Vénus ;
non de ce stile graveleux qui n'ad-

met aucune gaze, et déshabille la
volupté sans ménagement, mais
avec cette délicatesse charmante qui
ne soulève la ceinture de Vénus
qu'à l'abri des ombres les plus épais-
ses, et ne parle jamais du liberti-
nage en expressions libertines....

Tour-à-tour narratrices et confi-
dentes, nous allons donc, mes tendres amies, prendre alternativement
la plume dans ces importantes ré-
vélations! car, vous n'exigerez pas
sans doute, malgré mon zèle, que
je demeure toujours seule chargée
du soin de blanchir votre linge
sâle....

Allons, puisque vous exigez que
ce soit moi qui commence, je me
résigne; vous reconnaîtrez l'excès

de ma sincérité , à l'excès de mes passions.

« *La faute en est aux dieux qui me firent si folle.* »

Recevez, vertueuses et sages compagnes , les salutations angéliques de votre affectionnée complice , très-repentante ,

Eulalie-la-Scandaleuse.

Fait en notre Palais , l'an 1820 des bamboches sentimentales.

———

LES CONFESSIONS

DELICATES

DES

VÉRITABLES NYMPHES
DU PALAIS-ROYAL.

Iʳᵉ. CONFESSION

DE MADEMOISELLE EULALIE,
ᴅɪᴛᴇ LA SCANDALEUSE.

———

Une soirée d'hiver, que toutes les prê-
tresses du temple du n°. 113 étaient
réunies dans le salon de compagnie, pendant que les trotteuses des galeries ma-

nœuvraient au—dehors, Eulalie com-
mença ses confidences en ces termes:

Mes chères amies, vous voyez en moi
un des jouets les plus bizarres de la fortune; j'étais faite pour la vertu, mais
un démon jaloux de mes sages inclinations triompha de mon sort, et disposa
tout autrement de mes destinées. Non
pas que je sois née dans un rang et une
famille de distinction, je suis tout sim-
plement d'une bonne bourgeoisie de To-
lède, en Espagne, et mon véritable nom
est FARFANNE. Quant à mon prénom,
on m'appelait *Mariquita*, mot cares-
sant, très—commun dans les Espagnes,
et que mes parens me donnèrent dans
leur premier élan de tendresse. Je passerai
rapidement sur les premières années de
mon enfance ; je dirai seulement à ma
honte, que si mon ame était pure, mes
sentimens sages, mes sens me livraient
déjà une guerre intestine dont le péché
d'Onan ne triomphait qu'à peine ; ma
faible intelligence se rendait difficile-
ment compte de cette lutte singulière

entre les bons principes et les premières
sensations de la volupté; je faisais d'ailleurs tout au monde pour n'être sensible qu'à la voix de mes devoirs. . . .
Hélas! vains efforts! la vue d'un joli
homme répandait déjà dans tout mon
être une séduction brûlante dont la lan-
gueur et l'humidité voluptueuse de mes
yeux étaient les atteintes avant-cour-
rières. Enfin, parvenue à cet âge péril-
leux où la pudeur reçoit pour la première fois les rosées de la nubilité, où
le trône de la volupté s'enveloppe en
quelque sorte dans la pourpre, comme
pour prouver sa haute vocation, et son
règne absolu sur les hommes, je sentis
soudain en même temps une révolution
en moi qui me révéla le secret de mes
galans destins. Mon sein commençait
déjà aussi à prendre les plus heureux
contours; les roses et les lys avaient suc-
cédé à deux lentilles insignifiantes; deux
boules de neige éclatantes de blancheur
faisaient soulever mon corset tous les
jours plus étroit; mes formes rebondies

B

excitaient de toutes parts les désirs : mes mains étaient blanches comme l'albâtre, mes cheveux, mes yeux couleur d'ébène, mes dents d'émail, et enfin j'entendais dire de tous côtés que j'étais digne d'entrer dans une couche royale. La vanité, si funeste à l'honneur de notre sexe, détruisit donc insensiblement mes bonnes inclinations : fille unique, et conséquemment véritable enfant gâté, l'indulgence excessive de ma mère laissa croître mes dispositions vicieuses ; bref, la toilette, la coquetterie, les amans, les cajoleries, la parure, et surtout les beaux hommes, étaient le cercle dans lequel je tournais comme sous les influences d'un astre favori; ma virginité avait sauté le pas sur les ailes du plaisir, et à quelques épines près, je n'avais jamais respiré de fleur plus suave : ce fut un beau capitaine d'hussards du régiment de Talavera qui fit éclater dans mon cœur les premières étincelles de l'amour ; il est vrai que si ses traits charmans, sa taille superbe faisaient naître aussitôt dans les

sens le plus rapide incendie, personne
n'avait plus de ressources et de moyens
que lui pour l'éteindre ; la guerre des
Français m'en sépara. Je ne vous fati-
guerai pas, mes bonnes amies, des langueurs de mon chagrin sur sa perte, je
n'entreprendrai pas non plus de faire la
longue énumération des ducs et mar-
quis qui le remplacèrent dans mes af-
fections, cette liste serait trop vaste, je
courrai de suite dans mon récit à ce
moment où, ayant perdu ma mère et
devenue absolument libre, je me déterminai à m'établir à Madrid près le
théâtre *del Principe* : ma figure ne pouvait manquer d'y faire une vive sensation;
les Français étaient déjà maîtres de la
capitale : que d'offrandes commencèrent
alors à pleuvoir sur mes autels !.. Le général, l'intendant, le commissaire, étaient
pour moi de généreux tributaires qui
me traitaient en véritable Danaë. Enfin,
un garde-magasin fort riche m'ayant of-
fert sa main et sa fortune, je jugeai
devoir mettre, pour mes intérêts même,

un terme à ma scandaleuse banalité. Nous
vécûmes long-temps dans le luxe. Hélas,
que les prospérités sont passagères ! La
retraite de Wittoria nous réduisit au désespoir, en faisant notre ruine ; mon entreteneur y périt de la main d'un Anglais,
et moi, destinée sans cesse à des noces fré-
quentes , je contractai un nouvel enga-
gement avec un payeur de l'armée. Arrivée à Paris, ma vie ne fut long-temps
qu'une chaîne non interrompue de plaisirs ; j'étais heureuse avec ce payeur mon
cher Saint-Hilaire , non pas de ses *seules
et uniques* caresses, car il faut toujours
vous dire la vérité dans mes confessions;
son commis et son valet-de-chambre
étaient très-bien tournés , et j'eus la faiblesse de lui donner des rivaux dans ses
valets..... Que voulez-vous , la chair est
si fragile contre les raisonnemens de l'orgueil et des convenances ! Bref, Saint-
Hilaire me planta là , m'ayant surprise
un matin à-peu-près nue dans les bras
d'un capitaine de la garde que lui-même
avait imprudemment installé dans son

hôtel : possédant de grandes valeurs, cette rupture ne pouvait me toucher que sous le rapport du sentiment, et j'avoue que Saint-Hilaire était usé pour mes sens ; mes goûts devenus de plus en plus lascifs furent donc charmés de pouvoir choisir librement un nouvel objet qui réunirait aux charmes de la figure, les attraits si piquans de la nouveauté. — Vénus même, je crois, occupée du soin de mon bonheur, n'aurait pas fait mieux ! Un soir que je descendais le grand escalier de l'Opéra, accompagnée seulement de ma femme de chambre, mon pied glissa ; mais aussitôt le plus bel adolescent que la nature ait créé s'empressa de me présenter la main et de me soutenir dans ses bras caressans..... Une commotion électrique nous embrâsa à-la-fois, et le lendemain même vit couronner son naissant amour.

A ce qu'il paraît, interrompit Laurence, s'adressant à la Farfanne, tu n'as jamais fait languir ton monde?—Jamais, ma petite, répartit en souriant Mari-

B*

quita ; coup-d'œil lancé , faveurs accor-
dées , voilà mon système ; le temps du
plaisir vole si rapidement, qu'on ne saurait trop promptement l'employer : d'ailleurs , une philosophie absolue et tran-
chante a toujours dirigé mes principes.
Dans le personnage de rang , dans l'être
obscur , je ne vois que l'homme ; s'il est
dans la fleur de l'âge , s'il est bienfait, il
a des droits à mes caresses , et plus d'une
fois, même au temps de mes grandeurs,
j'ai souvent pressé sur mon sein, dans une
seule soirée , le maître des requêtes ou
le beau garçon limonadier , le coiffeur
ou le magistrat , le colonel ou le four-
rier du régiment. C'est ainsi , dit-on ,
qu'une grande Princesse de l'Asie en usait
avec de beaux esclaves de la Grèce.
Un esprit fort ne tient pas à ces misères ;
c'est aux sens et non à l'âme à rendre
compte de ces désordres ; et pour une
femme de rang , l'amant heureux n'est
plus qu'une utilité servile.

L'auditoire pria ici la Farfanne d'a-
bréger ses sophismes déplacés , et

d'achever son histoire. Hé bien, reprit
notre narratrice, mon Adonis cachait
une âme de boue sous la figure la plus
intéressante; une nuit, il disparut avec
mon écrin, mon or, et je puis dire toute
ma fortune, et ne me laissa que ses
dettes qui complétèrent ma ruine. Dès-
lors, je passai par toutes les filières de
l'adversité, je parcourus tous les bas
grades de la galanterie, et l'excès du
malheur et de la misère rendit mes faveurs accessibles même à l'artisan, jusqu'à ce jour heureux où une des mar-
cheuses de MADAME, me fit admettre dans
cette honnête retraite dans laquelle j'ai
oublié au sein de l'abondance, et mes ci-
catrices et mes infortunes; c'est ainsi
que la Farfanne termina son récit; elle
ne dissimula rien de ses vices et de ses
égaremens, nous allons voir si Victorine
montrera la même franchise.

2me. CONFESSION

DE VICTORINE.

Voltaire l'a parfaitement exprimé :

« *N'est pas femme de bien qui veut.* »

Il faut dire ici pour l'intelligence du lecteur, que les naïfs aveux de notre aréopage féminin furent souvent interrompus par l'arrivée et le départ d'une foule de *mychés*, qui exigeaient que le service public ne souffrît aucune interruption de ces conversations clandestines. MADAME n'entend pas plaisanterie sur cet article, il faut que le devoir se fasse ; et quel devoir, grand Dieu ! *Nos ingénues* voulant donc jouir d'une parfaite liberté, remirent LES CONFESSIONS au lendemain matin dans la salle des bains dite *du Cygne de Léda*. Là, chacune dans une élégante baignoire, côte à côte, à—

peu-près comme les Nymphes de Diane rafraichissant leurs attraits dans des eaux embaumées de mille essences et de mille parfums, Victorine, après avoir avalé un verre d'Alicante, et tordu le cou à deux ou trois *Méringues* ambrées, s'exprima de cette manière :

Je ne viserai pas au bel esprit, à l'ambition des mots, comme mademoiselle Mariquita Farfanne, se mit-elle à dire avec une douce ironie; mon éducation a été trop négligée, et d'ailleurs la nature m'a accordé assez de tact pour savoir distinguer que la recherche et les prétentions étaient en tout un défaut très-ridicule. J'irai donc droit au fait, et vous apprendrez de suite que j'étais la fille d'une marchande de poupées et de joujoux à Toulouse ; mon enfance, mon adolescence ne signifient rien ; j'étais une grande et jolie folle qui jusqu'à l'âge de 16 ans n'entendait malice à rien, et préférait un polichinelle ou une belle poupée aux hommages les plus flatteurs ; mais le sort réservait à mon innocence le destin

le plus singulier. Mes parens ayant décidé que j'irais à Paris dans une maison
de lingerie, pour y apprendre le commerce, on m'empaqueta dans la diligence sous les auspices du conducteur
avec un trousseau assez étoffé. Le hasard
voulut que j'eusse à mes côtés un employé du trésor qui revenait de l'armée
d'Espagne ; du moment qu'il m'aperçut,
ses yeux ne quittèrent plus les miens ;
j'avais beau rougir.... — (Comment tu
t'en rappelles encore, interrompit malignement Héloïse !) Que personne ne
m'interrompe, j'ai la parole; j'avais beau
rougir, ai-je dit, mon sein avait beau
se soulever d'une vive agitation secrète,
mon amant n'en était que plus audacieux
dans ses regards, plus hardi dans ses
soins et ses attentions : enfin la nuit vint
déployer *ses voiles funèbres*, dirait ici
Mariquita d'un stile oriental; et qui ne
sait pas combien l'obscurité est funeste
à la vertu des femmes dans une diligence!
Belgrade, (c'était le nom de mon bel
inconnu), fut si pressant, que si je cal-

cule bien , je devins son épouse dans le
simple espace d'un relai , et même , si
ma mémoire n'est pas en défaut, les rives
de la Loire virent s'évanouir mes prémices dans les doubles accens de mes
douleurs et de mes plaisirs ; le vaste pont
de Tours , devint l'autel de l'amour, et
la diligence le lit nuptial.

Ici la Farfanne lui fit observer qu'elle
faisait déjà beaucoup trop d'esprit ; soit,
reprit-elle , vous pensez bien, mes chères
camarades, que je ne songeai plus dès ce
moment aux polichinelles ni à mes poupées ; Belgrade m'avait fait connaître
dans sa soudaine passion des joujoux et
des hochets qui parlaient bien plus élo-
quemment à mon cœur : qu'il est aimé
celui qui nous apprend pour la première
fois le secret voluptueux de notre sexe,
et nous donne la clé d'un trésor qu'il ne
nous appartient pas d'ouvrir ! .... Belgrade était un demi-dieu pour moi, il
m'avait appris les premières monosylla-
bes du plaisir, l'a , b , c , de la volupté,
et au bout de peu de nuits passées com-

modément à Paris dans les bras de l'un de l'autre, je déclinais et je conjuguais déjà passablement dans cette langue; c'était surtout sur l'article que Belgrade me trouvait très-forte. Quant aux pronoms je les épelais aussi assez bien : *je, te, tu, toi*, me faisait souvent répéter mon bel ami; à mon tour il me balbutiait d'un œil amoureux ces autres pronoms si délicats : *tu, me, tu, toi*. C'était surtout dans ces parties du discours où tout doit s'accorder *en genre, en nombre et en cas*, que nous formions une liaison d'expressions, de gestes et de sentimens tout-à-fait intimes. Quant au conducteur, quelques pièces de 5 fr. avaient acheté son silence, et pour la lingère, je l'avais entièrement oubliée au sein de mes délicieuses échappées. Ce bonheur, comme tous ceux de ce monde, devait être de courte durée : mon beau Belgrade partit pour la Pologne, non pas en ingrat; il me laissa une cinquantaine de louis, en me promettant de m'écrire; mais depuis cette cruelle séparation, je

ne le revis plus ; l'argent mangé , mau‑
dite et reniée par ma famille , il me fal‑
lut utiliser au profit de mon appétit très‑
violent des attraits que jusqu'alors j'avais
exclusivement destinés au plaisir. Une
intelligente complaisante, logée sur mon
carré , m'assura qu'avec mes avantages
et ma jeunesse , elle se faisait fort , avec
un secret merveilleux, de me donner une
virginité invulnérable , d'aumoins six
mois. Je me confiai donc à ses soins scan‑
daleux ; et trafiquant partout de mon
faux honneur, chaque jour rajusté, j'aug‑
mentai mon or , en ajoutant chaque fois
à la corruption de mes mœurs et de mes
idées. Ayant entendu dire que des fem‑
mes qu'on nommait *Trybades* , étaient
assez dépravées, pour chercher la vo‑
lupté dans leur propre sexe, l'intérêt me
fit servir de plastron à ces déréglemens
honteux : une maladie qu'on ne guérit
que par les bienfaits du Dieu Mercure ,
devint la juste récompense de tant de dis‑
solution ; j'en porterai toute la vie d'ho‑
norables marques , dit Victorine , dans

C

un élan d'orgueil, et en sortant à demi-
nue de sa baignoire ; enfin, lasse de vivre
indépendante, riche aujourd'hui, de-
main aux expédiens, je tournai mes lan-
guissans regards vers le Palais-Royal,
comme vers l'heureux réfuge d'une vertu
aux abois : là, me disais-je, dans mon
repentir de fraîche daté, le calme, le
bonheur et la sagesse président l'admi-
nistration la mieux entendue des plaisirs.... Là, je serai *catin*, avec un air
de légitimité, et une apparence de devoir couvrira le scandale de mes écarts...

Comme Mariquita, je pourrais m'énor-
gueillir des plus *cuisantes* traverses ;
car tous les ordres de la société, depuis
le chiffonnier jusqu'au manœuvre, m'ont
passé dans les mains ; cette blancheur
éblouissante que vous voyez briller sur
mon sein a donc été la proie commode
et docile des mains les plus dégoûtantes
et les plus crapuleuses ; ces formes dont
Vénus même serait peut-être jalouse, ont
été mille fois la victime des caprices douloureux du libertin ; mais il faut être

modeste et ne pas faire son apologie soi-
même ; je cacherai donc mes lauriers et
mes myrtes.... — Oui, tu as parfaitement
raison, Victorine, s'écria en riant la
folâtre Laurette ; nous n'avons pas besoin de voir ton derrière pour connaitre
toute l'étendue de ta gloire : brisons-là,
c'est à mon tour ; il est bien juste que je
parle maintenant, car jusqu'à présent
vos confessions ne me paraissent que de
petites peccadilles d'enfant qui ne méri-
tent pas même les honneurs d'une fessée.
Laissez-moi, je commence. — Au moment où Laurette allait faire connaître
ses étonnantes aventures, MADAME sonna
pour les toilettes et le service du matin ;
chacune de nos Nymphes sortant préci-
pitamment des baignoires, après avoir
versé sur des corps d'albâtre les odeurs
les plus suaves de l'Asie, s'ètre *macérées*
avec une fine batiste, et passé partout
des serviettes embaumées, revêtirent un
large peignoir transparent, pour aller
chacune dans leur appartement se parer
d'élégans atours. Quant à Eulalie, le

bel-esprit rédacteur de la troupe, elle
eut ordre de la présidente de la docte assemblée de recueillir soigneusement toutes les confessions, tous les récits et de
les livrer à fur et mesure à l'impression,
en recommandant bien au prote de lui
soumettre les épreuves. Le petit comité
fut donc dissous jusqu'au soir, où il se
réunit de nouveau dans le boudoir *dit
du Zéphir*, dans lequel habitait ordinai-
rement la mélomane Virginie.

3me. CONFESSION

DE LAURETTE.

———

Cette séance fut fort orageuse dans son principe ; à peine les valets avaient-ils allumé les bougies, et s'étaient-ils retirés, après avoir placé sur un buffet une assez brillante collation, que la discorde précédée de la vanité vînt secouer ses torches dans ce concile jusqu'alors si paisible. Eulalie prétendait qu'il fallait nommer une présidente sous les ordres de laquelle elle travaillerait plus volontiers : mais quelle serait la présidente, et quels services éclatans mériteraient cet insigne honneur ?—Allons, aux voix, au scrutin ; recourons au moyen des boules blanches et noires pour l'élection, disait Zélis, d'un ton capable. Cette motion ayant prévalue, ce fut la belle et pimpante Rosalie qui fut élue à l'unanimité

C *

présidente , d'après le dépouillement du
scrutin épuratoire : en effet , qui mieux
qu'elle pouvait prétendre à la palme
des folies galantes ! ... *les capucins*, trois
fois avaient vu ses immortelles blessures ;
vétéranne dans le vice , depuis dix ans ,
elle avait servi peut-être une génération
entière : l'honneur ou plutôt la honte
d'un semblable triomphe lui appartenait
donc de droit. On l'installe avec solem-
nité dans un large fauteuil élevé sur une
table ; on la coiffe d'un diadême en faux
diamans , et une sonnette dans la main
gauche , ainsi qu'une cuiller à punch
dans l'autre , en forme de sceptre , elle
accorde d'un ton auguste à l'éveillée
Laurette la permission de parler. Celle-
ci quittant donc les touches d'un piano
sur lequel elle s'amusait à promener ses
doigts d'ivoire pendant la tumultueuse
discussion , vidant sa bouche des pâtis-
series dont elle s'était *piffée ,* en termes
vulgaires , se mit à dire , le sourire sur
ses lèvres de rose :

Vous voyez en moi la fille unique et

idolatrée d'une duchesse que mes débor-
demens ont précipitée au tombeau; vous
parlez de lasciveté, de tempérament, enfans que vous êtes, les messalines de
Rome auraient baissé pavillon devant
mes idées affreuses : la voluptueuse *Laïs*
qui séduisit Alcibiade, et tout Athènes,
les plus brillantes coquettes de Rome et
de Paris ne sont que des niaises de cou-
vent à côté de mes exploits. Enfin, j'ai
ruiné quinze banquiers à Londres, six à
Paris, trois comtes à St. Péterbourg,
sept barons en Allemagne, vingt milords
d'Ecosse et dix riches manufacturiers en
France. Une douzaine d'épouses, rivales
et jalouses de mes charmes sont mortes
de chagrin, dix fils de famille se sont
battus en duel pour mes attraits, et moi-
même, comme la marquise de B. dans
Faublas, j'ai plusieurs fois tiré le pistolet
pour soutenir les excès de mes galanteries,
ou venger mon amour-propre blessé....

Tout le monde convint que jusqu'alors
confession n'avait été plus forte et plus
intéressante ; la figure séduisante de l'ac-

cusée, son air, sa voix, son geste; sa
taille leste et brillante, d'un autre côté,
ne permettaient pas de douter de la vérité de ses délits galans : mais pour con-
firmer le public dans la bonne opinion
qu'on concevait déjà généralement d'elle,
Laurette, prouva la supériorité de ses
moyens dans l'art de plaire, en prenant
un luth, et en faisant entendre les ac-
cords les plus enchanteurs qu'elle savait
marier habilement aux charmes d'une
voix flexible et pure ; elle dansa, et d'un
pied vif et léger, développa sur toute
sa personne les ondulations et les mou-
vemens les plus voluptueux ; elle écrivit
sans préparation une lettre charmante,
une lettre passionnée qu'Héloïse même
n'eût pas désavouée ; elle pinça de la
harpe, parla italien, allemand, anglais,
cita des traits brillans des plus ingénieux
auteurs, et donna enfin des preuves
multipliées de ses grands moyens pour
triompher partout de notre sexe. Ne bor-
nant pas là les témoignages de tous ses
avantages, invitant ses compagnes à la

déshabiller, elle parut aux yeux de l'assemblée surprise d'admiration, telle que
Vénus sortit pour la première fois du sein
d'Amphitrite ; on ne pouvait se lasser de
contempler ses belles formes, sa carnation de satin et d'ivoire ; et après tant
de services surtout, on ne concevait pas
qu'on pût encore offrir des appas aussi
frais. Laurette montra une balle qui lui
avait effleuré le sein dans un duel de jalousie ; un coup de fleuret moucheté qui
avait marqueté d'une légère empreinte
l'albâtre de son épaule droite, et prouva
de tous côtés qu'elle avait servi glorieu-
sement sous les drapeaux de Cypris.
Elle finit par avouer humblement son
repentir de tant d'excès, espérant que
la sincérité de ses regrets lui mériterait
un jour son pardon.

Eulalie fit mention honorable dans ses
tablettes de cet excès de honte et de
gloire et l'on se prépara à entendre les
confessions burlesques de Manon la mal-
peignée.

4ᵐᵉ. CONFESSION

DE MANON LA MAL - PEIGNÉE.

———

On m'a dit qu'un grand homme, *Jean-Jacques*, je crois, avait écrit ses con-fessions et mis au jour ses pensées les plus secrettes, je vais l'imiter, Mesdames, et quoique je n'avions point d'induca-tion, que je ne sachions pas lire dans les gros livres, je suis née native originale de Montmartre, ce petit village où il y a bien plus d'ânes que d'académiciens; d'abord, quant j'eus 15 ans, on m'envoyit vendre du lait au coin de la rue Coquillière et des Vieux Augustins ; un beau Monsieur me disait souvent : belle Manon , laisse-là tes cruches et viens avec moi, je te donnerai de superbes falbalas ; mais moi j'aimais mon petit François, le jardinier du sous-parfet qui me regalions de tuli-pes, et après ma vache, je n'avions rien

de plus cher; un soir que, par curiosité,
j'avais pénétré dans une carrière, ne
v'là t' il pas que je me sens prise à brasse-
corps; c'était mon petit François qui ne
pouvait plus se retenir... — Que voulez-
vous, mes belles demoiselles, j'oubliai
jusqu'à ma vache dans ses bras, mais je
devins grosse, et ne pouvant rester chez
mon père qui était sous votre respect,
savetier, et qui m'aurait rouée de coups
de tire-pied, je m'enfuyais à Paris, espérant trouver le biau Monsieur en question; je me flattais, à vous dire vrai, de
pouvoir lui mettre la vache et le veau
sur le dos; mais le chien, après s'être
mis à bouche que veux-tu à la table de
mes appas, il me planta là, en m'enlevant mes plus belles nippes et même ma
croix à la Jeannette; il ne me restait
plus qu'à faire mon petit à la tourbe;
quand je fus restée toute seule, ayant ac-
couchée heureusement, je me rappelai
qu'étant laitière, j'avions vu à ce coin
de la rue Coquillière des filles qui se pro-
menaient comme ça sans rien faire, et

étaient bien pimpantes ; et ben, que je
me dis, ce n'est pas difficile ce métier-
là ; s'il n'y a qu'à se promener, ou en
promener d'autres, j'en ferai bien autant ;
mes petites affaires allaient donc assez
bien ; je montais, je descendais, puis je
remontais encore, et je me retirais sur la
quantité ; j'aimais assez travailler dans
le vieux, parce que tous ces petits mor-
veux de greluchons n'ont jamais le sou.
Enfin, je commençions à m'arrondir jo-
liment quand un bambocheur de four-
rier de la légion du Loiret me fit la queue
d'une manière tout-à-fait mousseuse, et
me mangea en un instant le produit de
trois mois d'économies gagnées à la sueur
de mon front. Je n'avais plus que la rue
de la Bibliothèque pour toute ressource ;
je fis donc quelques affaires *sur le ruis-*
seau, l'hiver, avec *un gueux* entre les
genoux ; je grelottais en attendant le cha-
land, si bien que, n'y pouvant plus tenir,
je compromis ma dignité avec des porte-
faix et des ramoneurs, et j'en suis toute
repentante..... — Ici Manon se mit à

pleurnicher comme une vraie bête, ce qui fit beaucoup rire la junte érotique : cette actrice grotesque voulait encore ajouter à ses premières trivialités de nouveaux détails sans intérêt ; mais Eulalie se levant avec dignité , fit sentir à *Madame* la Présidente combien il serait inconvenant et peu respectueux de souffrir de nouvelles incongruités de la part de Manon qui ne pouvait que faire rougir un corps aussi respectable : le tour d'*Euphrasie-pied coquet* , étant venu, on l'admit à la barre , et sur une espèce de sellette elle intéressa les Nymphes par la narration suivante :

D

5me. CONFESSION

D'EUPHRASIE – PIED COQUET.

Je ne puis vous dissimuler, Mesdames, que ma fierté ne laisse pas d'être justement blessée de succéder à Manon; *une femme comme moi*, la veuve d'un riche marchand de draps de la rue St. Honoré, mé mésallier à ce point !.. —fi donc !... enfin, oublions cette humiliation, pour vous ouvrir mon âme toute entière.

J'étais née avec une telle perversité, que tous les caissiers et commis de mon père furent mes amans; tel que les Turcs ont un sérail de femmes, j'en avais un dans tous les jolis hommes qui m'approchaient. Je me rappellerai toute ma vie, et avec un sentiment douloureux de honte, que me trouvant une fois derrière le fauteuil de mon père qui jouait au boston, j'eus l'impudeur de me prêter aux ten-

tatives hardies d'un officier, qui m'épousa
pour ainsi dire sur le dos paternel : dans
l'excès des transports que cet impromptu
voluptueux me causa, ne pouvant étouffer mes soupirs, je me mis à crier de
toutes mes forces : *papa gagne*, *papa
gagne*, ce qui donna à ma passion, à
mes sentimens trop péniblement com-
primés, la faculté de s'exprimer au-de-
hors ; depuis cette époque mon mauvais
sujet d'officier me demandait souvent si
je voulais jouer à *papa gagne* ; le trait
courut dans Paris : la d'Arnould, disait-
on, n'aurait pas eu une pensée plus spirituelle ; j'eus même l'infamie de m'en
vanter. J'avoue donc qu'il me sera bien
difficile d'expier tous les *écarts* que je
me suis permis. Mariée à l'âge de 17 ans,
le front marital devint pour ma folle volupté un champ commode où je me plus
à semer les affronts et les outrages. Je
vais cependant vous raconter un trait
dans lequel je n'ai pas brillé, mais qui
n'en est pas moins piquant. Un jour que
mon *pointu* d'époux partit pour la cam-

pagne, fou du moins le feignit, je reçus
ses tendres adieux dans ma salle de bains,
et vous pouvez bien imaginer, mes bonnes
amies, que je n'épargnai pas les grimaces
pour lui faire croire tout le chagrin que
j'allais ressentir de son absence ; mais à
peine eût-il les talons tournés, que, sortant de ma baignoire demi-nue, j'allais
d'un pied furtif et le cœur palpitant de
joie, ouvrir l'étui de ma harpe, dans
lequel un beau Lycéen, frais comme un
chérubin, était blotti. Lui servant de
femme de chambre, je le dépouillai aussitôt de ses vêtemens qui me dérobaient
les graces et les voluptés de sa personne,
et le parfumant moi-même de maintes
essences odoriférantes, je l'aidai à entrer dans une baignoire jumelle et toute
voisine de la mienne : dans cette situation délicieuse, j'avoue que je jouissais
du plaisir des dieux, et voulant écono-
miser mes richesses de toute la journée,
je me bornai à quelques baisers de feu
auxquels je me gardais bien encore de
donner toute leur chaleur, ne cherchant

qu'à temporiser ma félicité. Adolphe avait
les plus belles dents du monde , figurez-
vous trente-deux perles enchassées dans
du corail; ses formes hermaphrodites
possédaient toute la mignardise , toute
la délicatesse de notre sexe, tandis qu'une
teinte virile se joignait à ces attraits.
Non , il n'est pas possible de presser sur
son sein un être plus séduisant , de respirer une haleine plus suave.... — Ici
Madame la Présidente fit observer à Euphrasie qu'elle blessait la décence , en
offrant à cette chaste et honorable assemblée des images trop chaudes ; Euphrasie promit de gazer désormais davantage ses expressions , et continua ses
délicats aveux : après avoir préludé, dit-
elle , avec le bel Adolphe , par maints
épisodes folâtres , avoir éparpillé , ef-
feuillé quelques roses de plaisir sur les
lys de sa poitrine ; l'amour irrité par tant
de retardemens , échauffé , stimulé d'ailleurs par les liqueurs fortifiantes et les
petites gourmandises que ma femme de
chambre nous avait servies dans le

bain, j'allais céder aux transports d'Adolphe, quand une voix de stentor, partie d'un tableau représentant un satyre, et qui se trouvait absolument en face de nos baignoires, nous arracha douloureusement de ce doux sommeil de volupté; c'était mon *épou-vantable* lui-même qui, loin de partir pour le voyage qu'il méditait, n'avait employé ce stratagême, que pour mieux épier ma conduite dans l'hôtel; le traître connaissant parfaitement la disposition des couloirs de nos appartemens, avait malignement fait une ouverture derrière le tableau du satyre, et imitant entièrement la conduite du Cassandre dans *le tableau parlant*, il avait prétendu comme ce rusé vieillard,

« *Aux dépens de la copie,*
» *Sauver l'original.* »

en enlevant avec un couteau la figure du satyre, et en y substituant la sienne : vous jugez donc, Mesdemoiselles, que de cette manière il avait pu être témoin oculaire et auriculaire de mes galantes

folies, et le sournois eut la cruauté de
me faire subir le sort de Tantale, en
m'arrachant la coupe du plaisir au moment que j'allais la porter à mes lèvres....
Vous pensez bien que le divorce suivit de
près une telle incartade; je ne demandai
pas mieux, puisque j'y recouvrai toute
ma précieuse liberté ; c'est alors que je
me livrai à mes passions sans aucun frein;
pour vous en donner une juste idée, per-
mettez-moi, Mesdames, de vous prendre
pour exemple : ici, Madame la Présidente fit un signe obligeant de tête, pour
marquer combien elle était flattée de
cette ingénieuse comparaison. Un de mes
goûts particuliers, reprit Euphrasie, était
de me mêler dans le bal masqué de l'o-
péra au carnaval et dans la foule, seulement vêtue d'un domino rose : quel plaisir ! il me semblait être dans un océan
de délices ; mes formes livrées aux aima-
bles téméraires qui m'entouraient, rece-
vaient les hommages les plus flatteurs :
je me rappellerai toute ma vie à cet égard
que deux jolis hommes s'étant mis à mes

trousses, se permirent sur ma personne les plus vives atteintes, quand l'un d'eux demanda à l'autre d'un ton mystérieux : *poire ou pomme?*.... — *Pomme*, répondit avec orgueil ce dernier, tout ce qu'il y a de plus pomme : personne, il est vrai, n'avait de plus heureux contours que moi : les loges du ceintre si favorables aux amours d'honnêtes bourgeoises, étaient aussi mes galeries favorites; dans la belle saison, rien ne me charmait et ne me charme encore comme les dômes de verdure du bois de Boulogne, et des Prés-St.-Gervais ; là, sur un sopha que la nature a semé de l'émail de mille fleurs.... — Madame la Présidente arrêta encore ici Euphrasie, en l'assurant qu'on l'entendait de reste , et que, quant à ces confessions, la plupart des plus honnêtes femmes de Paris en pourraient dire non seulement autant, mais mille fois plus : Euphrasie voulut encore citer les fiacres comme ses boudoirs de prédilection; mais cette matière paraissant usée, Eulalie, le secrétaire-rédacteur, lui demanda si elle n'avait rien à ajouter à ses galantes dépositions ; Euphrasie répondit qu'en fait de péchés d'amour, elle les avait tous commis, pour s'être prêtée aux idées les plus scandaleuses... — Allons, c'est très-bien, interrompit la Présidente ; dans notre examen et conclusion, nous établirons le degré de culpabilité : passons à la belle Galatée. Euphrasie se retira donc modestement, en faisant une humble révérence, mais toutes ses camarades ne manquèrent pas de lui dire que si elle espérait obtenir le prix des roueries, avec ses pasquinades conjugales *à l'eau rose*, elle se trompait grossièrement, et qu'il n'y en avait pas une d'entr'elles qui n'eût fait quatre fois plus et beaucoup mieux. Eulalie, après avoir pris note des déclarations d'Euphrasie, ouvrit donc la lice à la belle Galatée, qui, après s'être placée sur la sellette, comme sur un piédestal, entama ce noble discours.

6me. CONFESSION

DE LA BELLE GALATÉE.

Malgré que je sois fille patentée du palais, enregistrée au contrôle-matricule du sérail immortel du n°. 113, et aux ordres du public, je n'en suis pas moins issue d'une des meilleures maisons de la Normandie : je reçus d'excellens principes, une très-bonne éducation, mais telle est la fatalité de nos destinées, mesdames, que la sagesse que nous cherchons à embrasser, nous échappe comme malgré nous, pour nous laisser en proie à toutes les séductions de nos sens. Vous serez peut-être curieuses de connaître la cause de ce sobriquet allégorique et mythologique de *Galatée*, je vais vous l'apprendre ; jusqu'à l'âge de vingt-deux ans, j'avais été d'une froideur glaciale, j'ignorais en vérité de

quel sexe j'étais; mes sentimens étaient
comme enveloppés d'un voile épais, et
enfin je n'étais femme que par mes habits, ce qui me fit d'abord appeler *la
belle Statue* dans toutes les sociétés de
Caën, ensuite *la Galatée de marbre*,
par le premier amant qui sut animer
mon être insensible d'une nouvelle vie :
que Saint-Ange était beau ! (c'était le
nom de mon aimable Pygmalion;) il
avait une voix charmante, des joues de
rose, de superbes favoris noirs qui
tranchaient si bien avec la blancheur de
son teint, l'oreille admirable, la taille
haute et bien prise, et une cuisse filée
amoroso.... son sourire.... oh ! que
son sourire était fripon et *gueux !* le
bel Elleviou en eût été jaloux : ses yeux
noirs en amendes et en coulisses trai-
nantes semaient des grains de volupté
dans tous les lieux, et le cœur palpitait
soudain, quand il vous approchait, car
ses belles mains blanches, d'ailleurs fort
entreprenantes, étaient les adroites mes-
sagères de ses désirs.... — Vous savez

toutes, mesdames, qui daignez m'entendre, combien la main d'un homme
est perfide pour la vertu de notre sexe;
on dit : *Jeu de main, jeu de vilain*:
on devrait ajouter : *Jeu de mains,
femme perdue.* Ici l'honorable junte,
interpelée par Galatée, consentit avec
un signe de tête approbateur combien les mains d'un joli homme étaient
dangereuses pour la pudeur; bref, reprit Galatée, tout dans Saint - Ange
portait le délire dans les sens, et il était
impossible de le voir sans l'adorer; il
fit donc dans toute ma personne une révolution subite, le feu y succéda à la
glace, le marbre s'anima, mon sein
jusqu'alors muet, se souleva délicieu-
sement, et enfin mon Pygmalion devint
mon époux aux autels de la nature :
comme je dois ici un entier hommage à
la vérité, je ne célerai pas les comiques
circonstances dans lesquelles j'accordais
mes premières faveurs ; elles sont tout-
à-fait triviales et burlesques, et si l'*Enfant du carnaval* fut fait dans un plat

d'épinards, le mien prit naissance dans un pâté d'oies de Strasbourg ; ma mère m'épiant chaque jour davantage , il nous fallait prendre de grandes précautions pour satisfaire les élans de notre amour mutuel ; enfin ma mère étant allée à complies , mon père faisant sa *sieste* dans un berceau du jardin , nous gagnâmes à prix d'argent le silence des domestiques , et, à la faveur des ombres de la nuit , nous nous glissâmes dans la salle de l'office ; l'ardeur de Saint-Ange ne lui permettant pas de distinguer les objets , il me jeta sur une table : son amour fut heureux ; mais quelle fut ma surprise et ma honte , quand, au cercle du soir, une de mes amies me détacha une tête d'oie, une autre de perdrix, de la farce et quelques pieds d'alouettes qui s'étaient collées à mes jupes ; je compris de suite le motif, et ma vive rougeur n'apprit que trop aux femmes du cercle que l'amour seul pouvait avoir part à cette aventure bizarre : bientôt l'histoire courut dans la ville , brodée , commentée et

E

augmentée de variantes ; il n'était question que de mes jupes et de mon derrière
à la tête d'oie : vous sentez bien que,
pour ma réputation, je ne pouvais rester long-temps dans cette situation hu-
miliante ; Saint-Ange, également af-
fligé de mes affronts, consentit à m'enlever, et je n'oubliai pas de me munir
de mes diamans et de tout l'or que je
pus enlever ; il est vrai que dans la brus-
querie de mon départ, j'emportai les
pierreries de ma mère. . . . . — Oui,
observa malignement Émilie, on a toujours reconnu à mademoiselle Galatée
une très-grande propreté. — Bref, reprit la narratrice, bientôt grosse à pleine
ceinture, j'allai faire mes couches à Bordeaux ; le régiment dans lequel servait
mon amant venant à partir pour l'Espagne, il fallut m'en séparer.... moment
cruel, et qui ne s'effacera jamais de ma
mémoire ; mais comme le temps finit
par nous consoler de tout, j'oubliai insensiblement Saint-Ange ; un banquier
lui succéda, il vint à propos, car les

pierreries de ma mère étaient déjà man-
gées ; après le banquier, j'eus pour entreteneur un armateur, après l'armateur un auteur dramatique, après l'auteur un libraire, après le libraire un
imprimeur, après l'imprimeur... eh !
mon Dieu, interrompit vivement *Rose-
Pompon*, pourquoi ne pas dire de suite,
Galatée, que vous fûtes à tout le
monde ?... J'y consens, reprit cette dernière ; à Bordeaux, j'avais été l'épouse
du midi de la France, à Bruxelles, où
je me rendis bientôt, j'en fus l'épouse
du nord. — Ici la conteuse fut troublée
dans son récit ; *mademoiselle de la
Chambre*, ainsi que les huissières et les
dames d'annonces de service annoncèrent
une députation composée de trois mem-
bres féminins envoyée par madame
Chauve-Souris, célèbre matrone de la
Chaussée-d'Antin, qui désirait s'affilier
à la loge, et avoir des cartes d'entrée
pour elle et ses vestales. Après avoir été
introduites avec le cérémonial d'usage,
c'est-à-dire en baisant le pied de la statue

de Vénus aux belles fesses , qui était
placée dans une niche au fond du sanc-
tuaire de cette docte assemblée , elles
prirent place dans des fauteuils, honneur que la présidente n'accordait qu'à
des femmes du premier rang dans la ca-
thégorie du monde galant. Cette grande
dame saisit même cette agréable occasion pour faire circuler par *mademoiselle de la Chambre* un raffraîchisse-
ment de punch dont nos actrices s'hu-
mectèrent agréablement le gosier ; tout
allait donc le mieux du monde , on se
préparait à écouter le reste des aventures de Galatée , quand le contre-temps
le plus scandaleux vint jeter le trouble
et l'indignation parmi les Nymphes :
c'est dans ce moment terrible qu'on vît
tout-à-coup la statue de Vénus se couvrir d'un long crêpe ; la déesse irritée
témoignait sa colère d'une manière écla-
tante ; des personnes dignes de foi assurent qu'on la vît frapper du pied
dans un mouvement de fureur; d'autres
assurent même qu'elle allât jusqu'à **se**

donner des claques sur le derrière.... — Qu'était-ce enfin que la cause de ce grand événement?... La voici : parmi les trois ambassadrices admises dans le conseil, un beau jeune homme aux joues de pêche s'était introduit sous des habits féminins dans cet asile de pudeur, et profitait des dispositions trop commodes de ses complaisantes voisines, il faisait l'amour sans respect pour la solennité du lieu ; il fut sur-le-champ arrêté et placé sur la sellette pour être jugé suivant toute la rigueur des réglemens. Comme il avait été pris en flagrant délit, le jugement ne fut pas long ; enfin il fut condamné à faire, dans un discours improvisé, l'éloge de la vertu, et surtout de l'utilité de la gent putanière ; ce dont il s'acquitta avec infiniment d'esprit. Quant à Galatée, n'ayant plus que quelques légères circonstances à ajouter à son récit, on l'en dispensa, pour écouter l'étincellante *Rose - Pompon*, qui annonça avoir des choses du plus vif intérêt à communiquer.

E *

7me. CONFESSION

DE ROSE-POMPON.

Rose-Pompon s'avançant donc d'un pas vif et léger, montrant sur son joli minois toute la piquante friponnerie d'une charmante grisette, déclara d'abord que cette épithète de *Rose-Pompon* n'était qu'un nom de guerre qu'on lui avait donné sous les barraques du Palais, lorsqu'elle portait le fin carton en ville, étant dans ce temps chez une marchande de modes. Son véritable nom était FÉLICIA...—A ce nom célèbre et sacré parmi les filles, de *Félicia*, toutes se levèrent d'un mouvement spontané, comme pour témoigner leur profond respect et rendre hommage à la réputation d'une héroïne qui, dans les fastes de la galanterie, occupait une si glorieuse place. Notre nouvelle Félicia, après s'être également

inclinée, confessa les erreurs polissonnes
de sa plus tendre enfance, puis de sa jeunesse ; après avoir fait une énumération
prodigieuse de tous ses amans qu'elle
compta au moyen de son collier de petites perles à trois rangs ; (ce qui faisait
à-peu-près sept à huit cents perles, et
conséquemment autant d'amans), elle
raconta en ces termes une espiéglerie des
plus ingénieuses qui lui était venue à
l'esprit, lorsqu'elle était entretenue, rue
du Mont-Blanc, par le Sire Abraham,
vieux juif de profession. Laissons-la donc
parler elle-même ici.

J'étais, dit-elle, au sein du luxe et du
faste, rien ne manquait à ma félicité,
l'or pleuvait des mains de mon juif, et
j'étais devenue l'objet de l'envie et de la
jalousie des femmes les plus hupées de
la Chaussée d'Antin ; équipages brillans,
table exquise, meubles somptueux, maison de campagne , tous mes caprices les
plus couteux satisfaits à la minute, rien
ne manquait à mon bonheur, si ce n'est
un homme selon mon cœur et mes pas-

sions favorites , car sire Abraham , dans
son état de caducité , ne pouvait être *cet
homme-là*. Quel supplice , par exemple, que celui de ses caresses ! et surtout
quelle patience ! le chemin de Cythère
était toujours semé pour lui d'obstacles
invincibles ; et ce trajet charmant qu'on
fait sur les aîles du plaisir en quelques
minutes , cette course rapide dans laquelle on s'approche de l'empire des
dieux , n'était pour mon sexagénaire
qu'une tàche laborieuse, fatigante, durant
laquelle je pouvais bien lire cinq à six
chapitres de roman , ou tirer des noyaux
de cérises au plancher....

Lisette , ma femme de chambre, vraie
soubrette de comédie , m'aida merveil-
leusement à m'indemniser avec un joli
cavalier des dégoûts de mes cruels devoirs ; tantòt nous cachions notre jeune
premier dans l'alcove , tantòt dans l'ar-
moire ou je plaçais mes robes : il me vint
une fois la folle idée de me le faire apporter par mes gens dans un vaste SULTAN
de satin rose, garni de fleurs ; blòti dans

•et étui de soie dont les flancs étaient
très-amples , il se trouvait entièrement
caché sous les garnitures bouffantes d'une
robe de bal : Sire Abraham applaudissoit
lui-même à mon bon goût ; (car pour la
dépense il n'épargnait rien), vantait le
travail délicieux de ces *Sultans* qui sont
devenus de galantes corbeilles de nôces,
et lui — même fit transporter par les
valets, dans mon boudoir , ce meuble
élégant qui contenait le plus aimable des
fripons. — Vous jugez quels étaient nos
éclats de rire, nos délices, lorsque, nous
dérobant à tous les regards, seuls dans
le boudoir, je faisais sortir mon amant
de sa prison de fleurs et de soie !.... Le
plaisir, on le sait, est centuplé par les
obstacles ; un matin que nous étions à
rire à gorge déployée aux dépens de notre vieille dupe, je l'entends qui frappe
à la porte du boudoir, et, un filet de fils
d'argent à la main, riant comme un vrai
Cassandre, il m'annonce aussitôt d'un air
moitié sérieux, moitié ricaneur, qu'il
faut que ma pudeur se prête aux chaînes

qu'elle doit porter pendant le temps d'un voyage qu'il a à faire....

Ici on conçoit toute l'attention que prêtaient nos Nymphes assemblées au récit ; elles ne comprenaient pas comment on pouvait mettre des entraves à la volupté , elles qui n'en avaient jamais connues ! Enfin , Félicia expliqua le procédé Florentin dont prétendait se servir son payant : d'abord , continua-t-elle , Sire Abraham me fit monter sur un sopha ; (pendant ce comique manège, Dorival s'était caché adroitement derrière l'étui de ma harpe) ; ensuite , m'ayant investi la ceinture d'un charmant réseau , composé de mailles de fil d'or et d'argent enrichi de belles pierreries , il y fixa un cadenas sur le côté de la hanche gauche, (côté du cœur), et se disposa , en tirant de sa poche une jolie petite clé , à fermer entièrement la porte aux amours... Je riais comme une folle ; l'idée de ce vieillard me paraissait si comique ! ! ... prétendre interdire dans une femme tout accès au plaisir , me parais-

sait d'ailleurs une entreprise si ridicule !
vous croyez, lui dis-je, en portant un
doute injurieux sur ma fidélité, que de
cette manière il me deviendrait impossible de ?... — « OUI, DE CETTE FAÇON, MA
» PETITE, JE SERAI BIEN PLUS TRANQUILLE
» SUR TA VERTU » PENDANT MON ABSENCE...
Le plus joli de l'histoire, ajouta folle-
ment la rusée Félicia, c'est que Dorival
me baisait la main avec ardeur pendant
cette vraie scène de comédie, et me mon-
trait une seconde petite clé que le même
artiste, qui se trouvait être un de ses
intimes amis, lui avait fabriquée.

Toute l'assemblée battit des mains à
cette fine espiéglerie, en convenant que
c'était le tour du meilleur ton que jusqu'alors on avait passé en revue. Félicia
ajouta encore une nouvelle Confession
sur un procédé fort curieux qu'elle avait
employé avec un autre entreteneur, pour
le tromper ; c'était une coulisse pra-
tiquée dans une boiserie, et qui com-
muniquait dans le logement de l'ami de
cœur, mais l'intérêt qu'elle avait inspiré

dans ses narrations, étant épuisé, elle
borna là avec discernement ses aventures,
tel qu'un grand artiste qui ne veut pas
survivre à sa gloire, et fait une savante
retraite au plus fort même de ses succès.

C'était à la sentimentale Adeline à
faire connaître les détails de ses langou-
reuses amours; mais comme il était déjà
près de 10 heures du soir, l'assemblée se
sépara pour se livrer à tous les travaux
de la nuit. On ne manqua pas de se réu-
nir le lendemain, séance tenante; et
Adeline, tenant une guitarre dans ses
mains, fit entendre cette plaintive ro-
mance.

8me. CONFESSION

D'ADÉLINE-NINA.

———

Heureux qui , près de toi , pour toi seule
        soupire ;
Qui jouit du plaisir de t'entendre parler ;
Qui te voit quelquefois doucement lui sou-
        rire !....
Les dieux , dans son bonheur , peuvent-ils l'é-
        galer ?....

Je sens de veine en veine une subtile flamme
Courir partout mon corps sitôt que te te vois ;
Et dans les doux transports où s'égare mon âme,
Je ne saurais trouver ni de langue ni de voix.

Un nuage confus se répand sur ma vue ;
Je n'entends plus , je tombe en de douces lan-
        gueurs ;
Et pâle, sans haleine, interdite, éperdue,
Le frisson me saisit, je tremble, je me meurs...

                   F

Ici la voix *vraiment mourante* d'A-
deline causa les plus vives inquiétudes ;
aussi *mademoiselle de la Chambre*
s'empressa-t-elle de faire revenir la mé-
lancolique chanteuse avec un verre de
punch au vin de la Comète. Cette manière de débuter par un trait musical
ne laissa pas de plaire, par sa nouveauté,
au cercle des ribaudes. Oui, dit Adeline, laissant là sa guitarre, la délicatesse nerveuse et passionnée de mon tempérament, mon goût effréné pour la
musique, et tout ce qui se revêtait des
formes du sentiment, a causé tous mes
malheurs ; la lecture de *Delphine*, de
Corinne, de *Colardeau*, a achevé la
perte de ma raison ; dès l'âge de quatorze
ans je ne pouvais entrevoir la corne d'un
chapeau sans avoir des spasmes, *tant
l'odeur de l'homme* faisait des impressions vives sur mes sens et mes passions
prématurées. On eût beau m'enfermer
dans un rigoureux pensionnat, mon
amant était toujours présent devant mes
yeux ; avec la brûlante Héloïse, je m'é-
criai sans cesse :

» Soit que ton Adeline aux pleurs abandonnée,
» Sur la tombe des morts gémisse prosternée ;
» Soit qu'aux pieds des autels, elle implore son
       Dieu,
» Les autels, les tombeaux, la majesté du lieu,
» Rien ne peut la distraire. . . . . . .
        . . . .

» Dans nos cantiques saints, c'est ta voix que
       j'entends ;
» Quand sur le feu sacré, ma main jete l'en-
       cens ,
» Lorsque de ses parfums s'élève le nuage,
» A travers ces vapeurs je crois voir ton image...
» . . . .
» Dans l'instant redouté des augustes mystères,
» Au milieu des soupirs, des chants et des
       prières ,
» Quand le respect remplit le cœur d'un saint
       effroi ,
» Mon cœur brûlant n'invoque et n'adore que
       toi.....

Eulalie, le secrétaire-rédacteur, pria
à cet endroit Adeline-Nina de prendre
un ton moins langoureux, et surtout
d'éviter ces citations, très-belles sans
doute, mais un peu trop ampoulées, un

peu trop étrangères à son sujet. Qu'avait de commun, par exemple, la catastrophe indécente d'Abeilard avec sa situation présente? Toute l'assemblée applaudit à ces observations, en réfléchissant tout bas qu'Adeline était probablement folle et perdait tout-à-fait la boule, soit dit en passant en termes vulgaires. — Sortie de ce cruel pensionnat, continua la sentimentale Adeline, je rejoignis mon amant, après avoir fait quelque argent de la valeur de mes robes, de mon linge et de mes bijoux; mon cher Auguste s'était engagé de désespoir dans un régiment d'hussards; aussitôt je m'habille en homme, et prends parti dans la même compagnie. Je fais deux campagnes, sabre les ennemis de la France, et sauve deux fois la vie à l'objet de mon amour.... Hélas! je ne l'en perdis pas moins; un duel affreux, un duel de jalousie me l'enleva; le maréchal-des-logis avait soupçonné, avait découvert mon sexe; long-temps je parus inconsolable; la nouvelle passion de ce maréchal-des-

logis m'était importune ; enfin j'y cédai
de lassitude : ce sous—officier ayant péri
dans une affaire, je devins la maîtresse
du sous - lieutenant , et , de grade en
grade, j'arrivai dans les bras du colonel.... — On ne put s'empêcher d'éclater de rire ici de la bannalité d'Adeline,
qui, tout en voulant jouer le sentiment,
ne faisait que raconter l'histoire d'une
héroïne de caserne et de corps-de-garde :
quand j'eus obtenu mon congé, reprit-
elle, je pouvais avoir vingt-deux ans;
la roture me parut une mine plus fé-
conde à exploiter que l'épaulette ; je fis
donc mille fredaines , mille dupes qu'il
me serait impossible de nombrer ; entre
autres, je fis accroire une fois à un jeune
homme fort riche que j'étais folle d'a-
mour pour ses beaux yeux, et insensiblement le dépouillai de son argent, de
ses bijoux et de son linge ; c'est peut-
être le tour le plus adroit, le mieux
filé que j'aie fait dans ma vie ; mais à
Bordeaux, où je m'étais enfuie , un méchant greluchon me mangea tout le pro-

duit de ma tactique ; il me fallut donc
reprendre *le détail* des affaires , ce que
je fis au célèbre n°. 113. C'est ainsi
qu Adeline termina le récit de ses aventures , en réclamant l'indulgence de
l'auditoire ; c'était à Marianne à parler ,
de sorte que les huissières l'introdui-
sirent dans la salle.

9me. CONFESSION

DE MARIANE L'INSOUCIANTE.

Telle que vous me voyez, mes chères compagnes, se mit à dire l'insouciante Marianne, j'ai eu cinquante mille livres de rente en bien patrimonial; eh bien! j'ai dévoré, je vous ai expédié tout cela en un clin d'œil, et avec plus du double que j'ai fait sauter aussi lestement : quand un sot et vieux paillard me tombait entre les mains, je vous le plumais comme un vrai petit pigeon; c'est tout au plus si je lui laissais une plume pour écrire son testament. Que je vous conte, par exemple, la manie comique d'un de mes enteteneurs septuagénaires, qui se figura, je ne sais pourquoi, que j'étais pour femme. Quelle fut ma surprise un soir de le voir arriver sous mes fenêtres, rue Meslée, avec une femme-

de-chambre, costumée en prude co-
quette, et se plaignant à moi avec un
fausset étudié, de la témérité des jeunes
gens du jour, qui avaient eu l'audace,
sur le boulevart, de lui mettre la main
sous les jupes, et de lui prendre la
gorge !... Je lui ouvre ; monsieur était
affublé d'un élégant chapeau rose à
voile, et parfaitement mis en robe de
mousseline brodée ; un ample cachemire cachait ses maigres épaules, et de
beaux diamans ornaient ses doigts secs
et noueux : la femme–de–chambre
m'ayant fait un signe, je compris l'er-
reur de mon *pointu*, et flattant sa méprise, je me mis à mon tour à me ré-
crier et à minauder sur la hardiesse des
hommes, surtout sur leur légère cruauté ;
ils promettent des roses, disais-je, mais
elles sont uniquement pour eux, tandis
que nous, nous n'avons que les épines.
— Qu'il est bien plus doux, continuai-
je en grimaçant une pudeur enfantine,
d'être embrâsé de cet amour divin qui
nous fait trouver le bonheur *dans nous-*

mêmes, sans le chercher hors de notre sexe !... en insinuant ces fausses confidences, les beaux diamans passaient des doigts de ma dupe aux miens : puis, nous parlions indispositions de femmes, du dégoût qu'inspiraient les hommes dans leurs caresses importunes ; mon vieux Priam s'en allait enchanté de mes dispositions, je glissais un double louis à la femme-de-chambre pour entretenir cette comédie, et l'or me pleuvait sous les doubles auspices du badinage et du mensonge.

Parmi mes mille et une fredaines, rien ne m'a jamais tant diverlie qu'une maison de campagne que je possédais près Saint-Germain, et que j'avais surnommée MES BOUDOIRS DÉLATEURS. C'était en effet une insigne trahison pour les personnes que j'y invitais. D'ailleurs la grande et importante condition, pour pouvoir être admis dans les mystères de ma voluptueuse *Thébaïde*, c'était d'être deux, jeunes, bien faits, d'une figure au moins agréable, et unis d'une incli-

nation mutuelle : l'amour, le plaisir, la
volupté , qui étaient les dieux domestiques de ce temple , n'auraient pas admis de froids profanes qui y fussent ve-
nus sans aucun but de galanterie ; et ,
pour me rendre à moi-même mes découvertes plus attrayantes , plus délicieuses, j'avais jugé n'y devoir admettre
que de charmantes créatures dans les
deux sexes , qui pussent souffrir dans
leur nudité les regards curieux d'un in-
discret. Au surplus , si j'ai surpris vingt
secrets piquans de ces petits mystères
d'amour que la femme la plus libertine
n'avouerait qu'en rougissant , ma maison , ma table , le luxe , l'abondance,
la délicate recherche qui y régnait,
étaient bien faits pour faire oublier à
mes hôtes les petits désagrémens que
mon avide et bizarre curiosité leur faisait souffrir. Je vais m'expliquer plus
clairement. Un habile architecte avait
distribué les appartemens, tous à lits
jumeaux, à baignoires jumelles , de
manière que , levant en dehors le rideau

d'une glace sans teint placée au-dessus d'un trumeau, mes yeux plongeaient tout à leur aise, sans être vue, dans le boudoir du couple heureux, et je me faisais ainsi le témoin commode de leurs plus tendres ébats : une galerie circulaire dominait de toutes parts les boudoirs, et, soit au coucher, soit au lever de mes amoureux convives, je passais en revue ma galerie, et m'arrêtais à la lucarne où la scène du plaisir me paraissait la plus piquante. Que ce délicieux Panorama a enchanté de fois mes esprits !.... non, mes chères camarades, vous ne pouvez jamais rien imaginer de plus voluptueux. Les délices de voir tout à son aise agir librement deux amans qui se croient sans témoins, est une chose qui passe tous les genres de volupté. Il est vrai, je le confesse, que j'ai désiré plus d'une fois être l'heureuse actrice de la pièce qui se représentait sous mes yeux, et enflammait mes sens ; plus d'une fois, dis-je, je fus sur le point de faire comme Zémire devant le tableau magique de son père et de ses sœurs, mais l'intérêt de mes propres jouissances m'interdisait toute indiscrétion.

Toute l'assemblée, un peu échauffée par la peinture de ces images, demanda à Marianne si, sans blesser la pudeur, il lui serait possible de révéler quelques-uns des jolis petits mystères qu'elle avait surpris dans la galerie masquée de ses BOUDOIRS DÉLATEURS?... — Je vais y employer tous mes efforts, répondit Marianne avec aménité. Parmi mes nobles convives, je recevais souvent le comte de Tendre-Rose et sa douce moitié, mademoiselle du Délire, qu'il surnommait, dans un stile oriental, *son Baume des yeux* ; c'était bien le couple le plus beau de la nature. Une nuit que j'avais porté mes regards indiscrets dans leur appartement, quel fut mon étonnement, en le voyant disposé comme une espèce de théâtre ; des gazes vertes argentées faisaient la mer, un meuble surmonté de carton peint offrait un rocher sur lequel était disposée une cabane composée de quelques petits accessoires et d'un paravent ; un de mes quinquets de cheminée , suspendu sur une partie du rocher factice , présentait un fanal aux matelots , et mademoiselle *du Délire* , un flambeau à la main , demi-nue sous une mousseline diaphane , les cheveux épars sur son beau sein , remplissait le rôle de la tendre Héro , tandis que mon cher et voluptueux comte se chargeait de celui de l'amoureux Léandre ; à moitié nu , et seulement habillé d'un élégant tricot de soie couleur de rose , notre nouveau Léandre fendait les flots artificiels , gravissait les rochers de carton. Arrivé à force de nager , à la cime du rocher postiche , Héro essuyait ses beaux cheveux , sa tête , ses épaules humides de l'onde amère , elle versait des parfums sur son beau corps ; le couple se plaignait mutuellement de leurs ennemis , et enfin l'amour , avide de jouir du prix de tant de périls et d'obstacles vaincus , les enlaçait des guirlandes du plaisir. Léandre , saturé de bonheur ,

G

se replongeait de nouveau dans cette mer
de gazes vertes, qui était garnie en des-
sous de quelques matelas, en confiant de
nouveau ses galantes destinées au généreux Neptune, et Héro, sur le seuil
de sa cabane, un quinquet à la main,
la brûlante inquiétude dans les yeux,
suivait les ondulations de son cher
Léandre, en suppliant les dieux de lui
être propices dans son retour. Telle fut
la scène de comédie qui se passa sous
mes yeux, et qui prouve jusqu'à quel
point peuvent aller les originalités d'a-
mour.

Dans une autre cellule, je découvris
encore, Mesdames, un trait que je puis
raconter à vos oreilles chastes.

Le fastueux Saint-Albin, que je recevais aussi chez moi alors, y était venu
avec sa belle compagne. Sa manie était
de jouer au Sultan, costumée comme
Lafond dans Orosmane; Foloë, sa maîtresse, jouait donc le rôle de Zaïre:
l'encens fumait au milieu de deux casso-
lettes dans ce nouveau Harem; Saint-

Albin, couché sur des carreaux de satin
qui n'étaient autres que les oreillers du
canapé, fumait du thé dans une longue
pipe à la turque, et Foloë, dans l'atti-
tude d'une humble esclave, attendait
le mouchoir des mains de son souverain
maître : ne vous attendez pas donc, Mesdemoiselles, à voir Zaïre poignardée, ou
du moins ce fut avec des armes beaucoup plus courtoises. Après cette farce
galante, Saint-Albin demanda à Foloë
si elle voulait jouer *aux bonbons sym-
pathiques* : curieuse de connaître cette
innovation, j'attendais avec impatience,
lorsque Saint-Albin sortit d'une boîte
en satin des boules transparentes, su-
crées probablement, et qui étaient liées
par une petite chaîne également en su-
crerie. S'étant mis chacun un des bonbons dans la bouche, ils parurent éprou-
ver, par certaine commotion électrique,
des sensations toutes particulières : à ce
passage, mademoiselle de la Chambre, à
qui la présidente avait parlé à l'oreille,
pria Marianne de ne pas aller plus loin,

attendu l'inconvenance de ses peintures plus que bizarres. D'ailleurs on lui fit des complimens sur sa petite comédie très-ingénieuse de Héro et Léandre. C'était à Aglaë à paraître ; on l'entendit aussitôt.

10me. CONFESSION

D'AGLAÉ-BELLES DENTS.

C'est à vous, Mesdames, d'examiner
si je mérite réellement ce sobriquet, de
belles dents que m'ont donné mes camarades, dit Aglaë, en ouvrant une bouche fraîche comme une rose , et en montrant le plus beau ratelier du monde :
vous êtes parfaitement digne de ce nom,
Aglaë , lui répondit-on d'une voix una-
nime, car, d'honneur, vous pourriez dis-
puter le prix de la fraîcheur et de l'éclat
à Hébé même. Après ce prélude flatteur
pour la petite vanité d'Aglaë, elle entama ainsi l'histoire de sa carrière galante :

Débauchée à l'âge de 16 ans par un
négociant, voisin de la maison de mon
père , à Tours , je crus d'abord dans ma

simplicité que ma fortune était faite, et
que les sermens d'amour que mon ravisseur m'avaient prodigués, étaient sin-
cères ; hélas ! je connaissais bien peu les
hommes alors !.... Le perfide, après
m'avoir conduite à Paris, près le théâtre
de l'Ambi-Comique, me planta là, non
sans m'avoir mangé mes plus beaux bijoux et mis en gage *chez ma tante* mes
meilleurs effets. Délaissée sur un lit de
sangle dans une mauvaise mansarde lé-
sardée de toutes parts, et cela, au milieu de l'hiver, vous pouvez juger à quel
péril était exposée ma chancelante vertu.
La faim venait encore y ajouter son cruel
aiguillon, et j'allais enfin, harcelée par
le malheur, livrer mes adolescens attraits
au coin de la rue, lorsqu'un Coryphée
de l'Ambigu, voisin de ma mansarde, me
témoigna un généreux intérêt et me fa-
cilita un plein accès dans les coulisses :
là, aumoins, me disais-je, mon honneur
sera en sûreté, et pour quelques petits
battemens ou *temps de cuisse* de simple
figurante, j'aurai du pain assuré. Com-

bien nos espérances sont souvent cruelle-
lement deçues ! *Borée cadet*, (c'était le
nom de mon jeune protecteur), finit par
me tromper indignement : après avoir
subtilisé mes faméliques faveurs, le traître me déroba même jusqu'à mes chaus-
sons de danse, le carquois de carton doré,
ainsi que l'arc qui me servait merveil-
leusement dans un rôle de Nymphe de la
cour de Diane. J'allais dans ma douleur
remettre ma personne à la disposition de
la première entremetteuse, lorsque le
moucheur de chandelles de l'Ambigu,
qui avait passé quelques nuits dans ma
chambre, et cela à la vérité extrêmement
près de mon lit, voulut me tirer du précipice, en m'assurant qu'il me ferait entrer par certaine protection, dans *les
Funambules*, en qualité de *voltigeuse
de 3e. classe* ; je ne lui dissimulai pour-
tant pas combien j'étais peu faite pour
cet exercice, et que je ne savais faire que
la culbute, art dans lequel il faut avouer
que j'excellai dans mon enfance, lorsque
j'étais sur un pré; il n'en tint compte, et

enfin me voilà admise sur la corde : au
moyen du balancier, je commençai donc
à y montrer quelqu'adresse; on me flattait
même de l'espoir ambitieux d'entrer au
café d'Apollon, quand une chûte dont la
guérison dura précisément neuf mois, me
força d'aller cacher ma faiblesse à l'hos-
pice de la Maternité : si j'y devins mère,
bientôt je redevins *fille* ; mais avant d'arriver à ce titre , il me fallut essuyer encore bien des tribulations. Les planches,
je l'avoue, m'attiraient singulièrement.
Une fois j'avais eu un billet de paradis
du grand Opéra ; on donnait Psyché, et
le chef des diables m'avait tout-à-fait
tourné la tête ; sa belle taille d'athlète,
ses superbes formes musculeuses donnaient les plus heureux augures : avec
ce joli diable , me disais-je , nous ferions
ensemble un petit ménage d'ange. Me
voilà de nouveau me glissant dans les
coulisses de l'académie royale de musique ; justement la première fois que j'y
fus , mon bon diable y répétait le rôle
de la *Discorde* dans le jugement de Pâris:

quel heureux moment pour tâcher de
me mettre en bonne intelligence avec
lui!!... A l'instant donc où il plante la
pomme fatale entre les trois déesses rivales, et se dérobe après dans les coulisses, je me mis exprès sur son passage,
de manière à ce qu'il fût obligé de re-
marquer mes regards significatifs. On
pense bien qu'il ne tarda pas à me com-
prendre : nous vécumes quelques temps
ensemble dans la plus douce intimité ;
il m'avait même fait recevoir au théâtre
comme *habilleuse*; mais un soir n'ayant
pas voulu faciliter l'accès de la loge d'une
actrice à certain personnage, à cause des
défenses expresses à cet égard, la ven-
geance me fit perdre ma place et à-la-fois
mon aimable lucifer. Loin de me rele-
ver, je tombai au contraire de Carybde
en Scylla, car la misère me contraignit
d'entrer dans une troupe de comédiens
ambulans, en qualité de *bouche-trou* ;
personne n'était moins propre que moi à
cet emploi, car jusqu'alors j'avais eu un
destin tout contraire : le reste de mon

roman a peu d'intérêt ; j'entrai enfin au Palais-Royal, où l'éclat et la beauté de ma dentelure me fit surnommer *Aglaë-belles dents.*

On attendait avec impatience le dis-cours de la brillante Clémentine qui pa-rut au milieu des applaudissemens.

IIme. CONFESSION

DE CLÉMENTINE,

DITE LA SAUTEUSE EN LIBERTÉ.

―――――

Lorsque, le lendemain soir, à six heures précises de relevée, l'honorable club galant fut de nouveau réuni sous la présidence de la reine des matrones, CLÉMENTINE, *dite la Sauteuse en liberté*, appelée suivant son rang de date, s'avança à la balustrade d'un ton décidé, et débuta par quelques réflexions préliminaires sur l'instabilité des choses humaines, la fragilité des sens, et surtout la fatalité qui avait voulu que, de femme de bien, elle se trouvât maintenant classée parmi ces filles déhontées qui avaient renoncé volontairement, et par spéculation, à la pudeur et à la vertu de leur sexe.... — Ici, il n'y eut

qu'un cri dans l'assemblée pour réprimer
l'insolence de Clémentine , qui osait in-
sulter à la beauté malheureuse dans la personne des demoiselles de la galerie , sans
songer que les coups de l'adversité et la
perfidie des hommes avaient conduit la
plupart d'entre elles à fléchir un front vir-
ginalsous le joug de la nécessité : Clémentine , s'empressant de se justifier , assura
que son intention n'avait été de blesser
personne, et qu'elle avait voulu parler ici
en thèse générale ; puis , changeant de
sujet : Je suis fille d'un honnête tapissier
de Versailles , dit-elle , qui long-temps
m'enseigna à faire des tours de lit ; de
là je passai chez une lingère , où l'on
m'apprit à faire des corsets à suppléans ,
ainsi que des corps d'enfant. Un officier
d'hussards me trouvant de son goût , me
séduisit , m'enleva et m'abandonna , suivant l'usage : je passerai rapidement sur
tous les amans qui lui succédèrent , cela
nous conduirait trop loin ; j'arriverai de
suite à ce singulier point de mon histoire , où , vivant avec un employé

de l'armée, je l'accompagnai jusqu'à
Mayence. L'or ne manquait pas ; aussi
un parfait bonheur présidait à notre
union ; long-temps j'avais passé pour sa
sœur dans les diligences ; mais , une fois
à Mayence , nous jugeâmes ne devoir
faire qu'un saut de la fraternité à l'hy-
ménée , et partie de Metz comme la
sœur de Saint-Firmin, (c'était le nom de
mon aimable frère postiche), je des-
cendis à Mayence à l'auberge *du Cheval-
Blanc*, avec la nouvelle qualité de son
épouse. Les garçons , les servantes m'ap-
pelaient donc *Madame Saint-Firmin,*
gros comme le bras : nous avions de
l'argent ; pouvait-on manquer de procé-
dés et d'égards envers nous ? Vous connaissez toutes , Mesdames , qui avez
voyagé, l'esprit des hôtels : l'or à la
main , seriez-vous la plus grande catin
du monde, vous obtenez aussitôt la plus
haute considération ; le marmitton vous
ôte son bonnet ; une bougie à la main ,
la maîtresse vient vous recevoir à la
descente de votre voiture , et partout

H

on vous donne la question de ces fausses politesses qui ne sont qu'autant de lettres de change payables à vue et tirées *à bout-portant* sur votre bourse; si, au coutraire, vous êtes d'une mise rapée, alors le dédain, le mépris vous accablent, et seriez-vous une *Paméla* ou une *Clarisse Harlowe*...—Ici madame la présidente invita Clémentine à abréger ses digressions philosophiques, attendu que toutes, pour la plupart, avaient lu le spirituel Gil—Blas, et en savaient tout aussi long qu'elle là-dessus. Notre héroïne, un peu décontenancée, reprit donc en ces termes : Je vais me borner au fait le plus singulier de mes aventures, ne voulant pas vous affadir l'esprit de détails communs. Saint—Firmin me nommait alors, par pur badinage, *Madame de petite résistance*; un jour qu'il était arrivé dans l'hôtel, un payeur principal de corps d'armée avec sa maîtresse ou sa femme, notre hôte nous demanda si nous voulions manger cette fois-là avec eux, vu la quantité de monde

qu'il y avait dans la maison ; n'y trouvant pas d'inconvénient , nous accep-
tons : la curiosité me portait d'un autre
côté à savoir si le payeur avait bon goût.
Mon attente fut trompée, car Éléonore,
(c'était le nom de madame la trésorière),
se fit excuser, et mangea seule dans sa
chambre à cause de la lassitude du
voyage. Quant au payeur, c'était un joli
homme et de beaucoup d'esprit ; le repas fut très-gai , Saint-Firmin ne manquait pas d'imagination, et on prouva
de part et d'autre qu'on savait faire avec
grâce et finesse les frais d'une conversation avec un aimable étranger. Pour
moi je jouai une honnête retenue sans
bégueulerie , j'eus soin surtout de ne
pas parler à tout bout de champ de *ma
femme-de-chambre*, et de la fourrer dans
tout, comme la plupart de mes camarades
qui voyagent, ne voulant pas que ce
payeur reconnût de suite une véritable
farceuse en moi. J'affectai même de ne
pas entendre ses coups d'œil et ses pres-
sions de genoux, comme *scandalisée*

d'une témérité qui blessait *mon honneur.* Enfin nous nous séparons, et
chacun se retire dans son appartement ;
les nôtres étaient absolument porte à
porte, rappelez-vous-en bien, Mesdames, pour l'intelligence de l'histoire ;
la table resta à moitié servie : bref, le
repas s'étant prolongé très-avant dans
la nuit, nous nous couchons, la tête un
peu tapée du punch au lait dont nous
avions bu de copieuses rasades. Sur les
minuit, Saint-Firmin se trouvant très-
altéré, se leva pour se faire un verre
d'eau sucrée ; les garçons n'ont pas des-
servi, lui dis-je, et tu trouveras facile-
ment sans lumière la table où il y a
sucrier et carafe d'eau. — Fort bien,
le voilà donc parti en chemise et nu
pieds, laissant la porte de notre chambre
entr'ouverte ; il trouva en effet tout ce
qu'il désirait ; mais, par une bizarrerie
dont un génie malin pourrait seul expliquer la cause, notre payeur, également échauffé par les liqueurs, s'était
pareillement levé à la même minute, à

la même seconde, pour chercher à se
désaltérer à notre table commune ; tous
deux conséquemment, après s'être ra-
fraîchis, moitié endormis, moitié en-
sevelis dans les vapeurs d'un premier
sommeil, sans s'entendre, sans se toucher, cherchent à regagner leur chambre à coucher ; mais, par un sort dou-
blement funeste, au lieu de reprendre
leur véritable chemin, chacun fait un
échange : Saint-Firmin va trouver madame la trésorière, et M. le payeur
vient commodément s'étendre à mes côtés ; je m'étais rendormie, et ne pus pas
démêler la nouvelle voix de mon nouvel
époux, qui lui-même se livra bientôt
aux douceurs du repos : ce ne fut que
deux heures après qu'un songe voluptueux réveillant mon nouvel Amphi-
trion, il jouit entièrement des droits qu'il
se croyait avoir dans sa fausse couche
nuptiale. Loin de m'y opposer, autant
par goût que par devoir, je lui donnai
des preuves réitérées de ma tendresse,
non sans démêler, j'en conviens, des dif-

férences étranges qui heurtaient mes
habitudes et mon jugement. Quant à
Saint-Firmin, devenu le sosie de notre
payeur, il était également cocufiant et
cocufié. Tout le monde se rendort, pour
ne plus connaître la vérité qu'aux premiers rayons du jour. Enfin ils éclairèrent
la quadruple scène et le double échange :
pour moi, dont la douce habitude était
de donner un tendre baiser pour bonjour
à mon Saint-Firmin, quelle fut ma surprise, mon étonnement, en voyant un
autre homme dormant profondément
près de moi !... Ses larges favoris noirs
contrastaient parfaitement avec la blancheur de son cou ; un superbe cachemire
qui lui servait pour dormir, le coiffait
on ne peut mieux à l'orientale ; ses belles
mains étaient ornées de riches diamans ;
sa poitrine, son linge magnifiques, et
j'avoue que j'eus l'impudeur alors de ne
pas trop gémir de la substitution, quoique d'ailleurs Saint-Firmin fût très-joli
homme. Mais vous le savez, Mesdames,
le charme de la nouveauté.... *Toujours*

des perdrix, *Monseigneur*, disait le
confesseur de Louis XV, ça lasse. —
Ici on convint de toutes parts des dan-
gers et des délicieuses impressions sur
nos sens, d'un objet nouveau, même à
égalité d'avantages ; et même, ajouta-
t-on, de très-honnêtes bourgeoises ont
souvent eu pour amant un Ésope, un
vrai singe, tandis que le mari était très-
bien tourné. Voilà de nos caprices : Clémentine fut donc généralement excusée
sur la seule sincérité de ses aveux. —
Ma position était délicate, continua-
t-elle : réveiller le payeur.... de quelle
manière allait-il prendre l'aventure ?....
lui-même mit fin à mes incertitudes, car,
venant à bâiller, à étendre les bras, il
m'appela *sa chère Éléonore*, les yeux,
comme on dit, encore sous la papil-
lotte.... — Jugez de son étonnement à
son tour, quand, interrogeant de nouveau ma figure et les lieux, dégageant
ses bras de ma taille svelte, il cherche à
se rendre compte de l'enchantement magique qui l'a fait voyager pendant la

nuit ; la jalousie achève de lui rendre ses
facultés : il calcule que s'il a usurpé un
lit étranger par une combinaison d'événemens inintelligibles , on peut bien par
représailles avoir usurpé le sien , et que ce
n'est peut-être encore qu'un piége tendu à
son honneur : paraissant donc adopter
avec chaleur cette idée , il s'élance du lit ,
et, s'emparant de l'épée de Saint-Firmin,
il court droit à son appartement. Saint-
Firmin , de son côté , s'était aussi ré-
veillé , (non peut-être comme moi, le
fripon , sans se féliciter des nouveaux
attraits que la déesse bienfaisante de la
nuit avait mis à sa disposition,) et con-
fondu de ce qu'il voyait, surtout des appas rebondis de sa nouvelle partenaire
au lieu de ma taille mignonne, voyant
un uniforme brodé sur un fauteuil, un
porte-feuille en maroquin sur un autre,
il conçoit de suite l'effet d'une funeste
méprise , et s'échappant comme un trait
de la couche involontairement adultère ,
il s'empare aussi par provision de l'épée du
payeur… Je vous laisse à juger, Mesdames,

dit avec un surcroit d'intérêt notre belle
conteuse, du choc terrible de ces deux
violens ennemis; moi et *la puissante*
Éléonore, nous nous étions précipitées
simultanément à travers les combattans,
et à moitié nues, nous sentîmes plus
d'une fois le froissement d'un fer froid
sur nos chairs délicates; heureusement
que les garçons vinrent au tapage; on
parvint à séparer ces deux rivaux, mais
ce ne fut pas sans qu'ils fixassent l'heure
du duel qui devait laver dans le sang la
tache de leur mutuel affront. Saint-
Firmin y fut blessé légèrement au bras;
on s'expliqua enfin, et on trouva, à force
de conjectures, le mot de cette piquante
énigme. Ce qui était, d'un autre côté,
très-plaisant, c'est qu'Éléonore, prus-
sienne de nation, avait été à Berlin la
maîtresse de Saint-Firmin; il lui avait
même reconnu au cou, étant au lit, un
riche médaillon, dont il lui avait fait
présent, et qui contenait son portrait,
à l'insu du payeur. Nous finîmes par nous
séparer, mais bons amis, attendu que

l'aventure commençait à transpirer dans Mayence, et moi-même je quittai Saint-Firmin pour un directeur des postes : j'aime beaucoup les hommes de lettres. — Madame la présidente interrompit Clémentine à cet endroit : Vous nous avez raconté, lui dit-elle, une histoire très-intéressante, ce serait la gâter que d'y ajouter des épisodes qui ne peuvent être que très-faibles en comparaison ; jusqu'à présent, vous me paraissez avoir remporté le prix sous le rapport de l'originalité de vos aventures : tout le monde se mit à applaudir au jugement de madame la présidente, et Clémentine se retira au milieu des battemens de mains, pour céder la place à *Frasca-la Folichonne.*

12me. CONFESSION

DE FRASCA-LA FOLICHONNE.

Telle que vous me voyez, dit vivement *Frasca*, j'ai été élevée jusqu'à l'âge de 16 ans comme une *sauvage*; peut-être plus d'une parmi vous se dira malignement que je suis singulièrement changée à cet égard. Vous connaissez ce petit roman intitulé : la *Cachette à mon Oncle*; et bien, de même un cruel ravisseur me déroba à mes parens dans mon enfance et me rendit le point de mire de ses bisarres spéculations d'amour. J'étais alors *l'Élève de la Nature*; je la suis maintenant du plaisir; la mort de mon ravisseur me rendit au monde et à la liberté : que d'or me valut ma stupide ignorance! C'est à qui aurait la jolie sauvage: dans mes bras, l'homme se croyait à cet heu-

reux âge d'or où la beauté n'avait d'autre
voile que sa chevelure. J'étais une nouvelle Eve pour ces nouveaux Adams; et
l'on croyait retrouver en moi toute l'innocence et la fraicheur du premier âge.
Je m'enrichissais à un tel point, que, loin
de paraître faire des progrès en civilisa-
tion, j'affectais de conserver mes manières furtives, mon air égaré. Je déchirais
mes vêtemens comme des voiles impor-
tuns, et courrais embrasser avec passion
le premier homme qui me tombait sous
la main. Ce caractère extraordinaire sé-
duisait, enchantait; on me prodiguait
les présens, et le soir, quand la farce
était jouée, je faisais ma caisse, non en
sauvage, mais en personne d'esprit qui
sait parfaitement calculer. On m'avait
souvent parlé d'un personnage qui aimait
à la folie les beaux ongles; les miens
étaient absolument comme du nacre de
perle : que d'or j'eus encore de cet entreteneur; malheureusement vive, légère,
étourdie, sans prévoyance, et vraiment
folichonne, comme on m'a surnommée,

j'étais un véritable tonneau de Danaïdes.
Plus je recevais, plus je dépensais. L'en-
gouement de ma personne se passa ; car,
vous le savez, tout passe : Je finis par tomber dans les bas grades de la galanterie,
jusqu'à ce moment où je me relevai digne-
ment, en entrant comme aspirante dans
l'établissement fastueux de la Destain.....;
on me demanda si je saurais bien jouer
le rôle et les airs d'une bourgeoise de
bon ton, et même d'une femme de qualité ; je répondis que, puisque j'avais
fait *la Sauvage*, je pourrais, à plus
forte raison, jouer la bégueule. On m'admit donc, et après quelques épreuves
difficiles, dans lesquelles *je fis* un rusé
négociant, me trouvant d'une bonne
force *d'amateur*, je fus reçue enfin au
grand salon de compagnie. *Là*, je ne
traitais qu'avec le colonel ou le magistrat, le comte ou le baron. Je savais
élever mes manières au degré de ma
position, et personne, mieux que moi,
n'a soutiré une bague en brillans des
mains d'un amant. Mes affaires allaient

I

donc à ravir ; mais malheureusement pour moi, j'eus la bêtise de m'amouracher d'un auteur qui mangea mes économies, en attendant le succès équivoque de ses pièces ; la galerie me tendait encore les bras, je m'y jetais à corps perdu, comme dans le sein d'une mère. Depuis, vous le voyez, je me promène en folichon- nant vis-à-vis la rotonde, en mystifiant les sots, en accueillant les jolis garçons, et en faisant : *Je t'en ratisse*, aux vieux qui n'auront jamais l'honneur de tâter de ma personne. D'ailleurs, hon- nête *coquine*, j'ai le cœur sur la main, et demande humblement pardon de mes fautes de jeunesse. Le ton semi-sérieux, semi-badin de Frasca plut beaucoup, et on l'assura qu'on la traiterait avec in- dulgence dans le jugement définitif.

13me. CONFESSION,

ou

HISTOIRE VÉRITABLE

DE JULIE-LA GROSSE RIEUSE.

———

Ce n'est pas par des jérémiades que je vais fixer votre attention, Mesdames, se mit à dire Julie, surnommée la *Grosse Rieuse* ; d'ailleurs mon sobriquet seul vous annonce assez que ma vie n'est qu'une chaîne de bouffonneries.. Dès que je commençai à balbutier quelques mots dans mon enfance, je ne faisais que rire comme une petite folle ; cette disposition philosophique n'a fait qu'augmenter avec l'âge. A 16 ans, jolie, bien faite, on s'empressa dans ma petite ville de Melun, où mon père était huissier à verge, de me parler d'amour, surtout

notre maître-clerc, espèce de cu-sec qui
ne me revenait pas du tout, malgré *tous
ses exploits* ; mais, bien loin de vouloir
donner mes prémices à cet aigrefin, je
m'en moquai avec un bel officier de
dragons qui, depuis quelques semaines,
faisait caracoler son cheval sous mes fenêtres ; c'était Mars même sous un casque
français ; mon père venant donc à me per-
sécuter très-chaudement pour épouser sa
momie d'écrivain, je filai sans tambour
ni trompette, un soir, avec mon beau
militaire qui m'emmena à Saint-Germain
où son régiment allait tenir garnison ;
mon père mourut de chagrin de ma
fuite, ce qui me fit hériter d'une tren-
taine de mille francs que nous mangeâmes
très-joyeusement, moi et mon cher Saint-
Evremont. L'argent dissipé, vous croyez
que je vais me lamenter, larmoyer, faire
des élégies ?... Pas du tout ; insensible à
l'infidélité, à l'abandon de Saint-Evre-
mont, qui ne reparut plus chez moi,
(car voilà comme sont tous ces hommes !)
je partis pour Paris dans un honnête

pot-de-chambre ; j'y trouvai un pauvre
Romancier qui n'était pas sans esprit,
mais tout-à-fait sans argent ; ce qui
arrive souvent aux hommes de génie.
— Il me plut au premier abord, malgré ses habits râpés et son front à hé-
mistiches : je lui plus aussi ; mes gros
attraits rebondis, mes joues colorées
comme une sauce tomate, mes yeux
brillans, et une paire de..... fermes
comme de l'ivoire, tout cela ne pouvait pas manquer d'être fort appétis-
sant pour un pauvre diable d'auteur
habitué à faire fort maigre chère, et à
ne vivre que des langueurs chimériques
de ses héroïnes de roman. Je répondis
donc à ses timides œillades, ou plutôt
je fis toutes les avances, pour prendre aussitôt le roman par la queue ;
j'avais encore une vingtaine de louis des
débris de ma grandeur passée, c'étoit
une grosse somme pour un auteur aussi
sec que le mien. Enfin arrivés tous
deux rue de la Huchette, j'y montai
au septième au-dessus de l'entresol, et

I*

un lit fort étroit, même pour une personne, reçut les deux nouveaux époux.
Césure, c'est ainsi que se nommait
mon poëte, avait de l'esprit, de la faci-
lité, mais on sait combien cette denrée
est ingrate à Paris où la plupart du temps
les sots et les fripons seuls prospèrent.
Fort habile à faire un manuscrit, c'était
le diable pour le placer : les libraires
aussi bons vendeurs que mauvais juges,
le trouvaient tantôt trop sérieux, tantôt
trop prolixe. — Tiens, prends la plume,
dis-je à Césure, un soir qu'il revenait
de faire des démarches inutiles; nos vingt
louis seront bientôt épuisés, il nous faut
de l'argent, et je suis sûre d'en trouver
avec l'idée qui me vient à l'esprit. En
effet, je me mis à dicter à mon cher
Césure le roman le plus comique qui
soit sorti du cerveau d'une femme. A
mes propres aventures, je joignis mille
plaisantes imaginations; tantôt voluptueuse, tantôt distinguée, élevée même
dans mon stile, ou triviale selon l'occasion,
je m'efforçais de charmer l'esprit de mon

lecteur par une variété pleine d'attraits.
J'y dévoilais surtout les pensées les plus secrettes., les tactiques les plus adroites
de mon sexe ; et , soit par les événemens,
soit par les réflexions, j'avais enfin composé une œuvre galante en deux parties
in–12., fort piquante. — Césure y mit
un beau titre , qui fut celui–ci :

MES ESPIÉGLERIES

DE GARNISON ,

OU JULIE–LA GROSSE RIEUSE.

et, notre chef–d'œuvre sous le bras, il
alla le proposer aux libraires des barraques. A peine eût-on parcouru le manuscrit, que comme séduit par la vapeur d'un
encens embaumé , on lui en offre aussitôt vingt–cinq louis. Césure accepte, et
pendant quelque temps , nous nous li-
vrons sans réserve à toute la joie de ce
succès. J'avais presque envie de faire
alors un mélodrame ; mais mon imagina–
tion n'avait pas de ces élémens *noirâtres*

exigés pour ce genre de composition.
Césure ayant été atteint par la conscrip-
tion, il fallut m'en séparer ; tout ce que
je pus faire pour témoigner ma tristesse,
fut de ne pas rire en nous séparant :
c'était, je vous assure, mesdemoiselles,
prendre beaucoup sur mon naturel.
Sans ressource, j'entrai alors dans un
restaurat en qualité de Demoiselle. Rien
ne m'amusait comme ces commandes aux
criées : *un bœuf pour un ; — une cuisse
de volaille au naturel, la cervelle de
Monsieur, les pieds de cochon de Madame, la tête de veau de Monsieur...
puis, vous êtes sur le gril...* — tout cela
me divertisait infiniment. Naturellement
observatrice, j'examinai les caractères et
les physionomies. Un pauvre diable d'employé, par exemple, mettait une partie de
son pain dans sa poche, et de son ra-
goût dans une petite boîte de fer blanc :
la Dame de la maison recevait les rendez-
vous d'un étudiant en droit. Cet autre
me pressait le genou, et me disait tout
bas : « Julie, je suis dans mes meubles,

» mon lit est une couchette de mariage,
» nous pouvons être heureux». A tout cela , je répondais à haute voix: *les pru-*
nes de Monsieur... — mais Saint-Lau-
rent vint tant de fois à la charge , que
m foi j'acceptai sa couchette de mariage.
M lheureusement son cours de droit
vi t à finir ; il me laissa généreusement
. s ses meubles ; je jouai donc quelque
tén. s *à la dame,* en prenant une bonne
très-complaisante qui m'ammenait chaque soir un nouvel epoux, jusqu'au moment où, lasse des entreprises à mon
compte, je pris patente et me fis desser-
vante de Vénus dans toutes les règles. Au
surplus, quoique rieuse, toujours bonne ,
sensible au malheur , et incapable d'une
vilaine action , j'aimerais beaucoup la
sagesse, si elle était moins sage, sé-
rieuse, et je pourrai bien l'être un jour,
quand j'aurai perdu ma grosse gaîté.
Jugez-moi maintenant sur cette franche
Confession. C'est ainsi que Julie finit
sa harangue, toujours le sourire sur les

lèvres , et respirant le bonheur et l'in-
souciance dans tous ses traits fleuris.
L'assemblée lui applaudit par un rire
gracieux , pendant qu'on faisait avancer
Délia-Brioche.

14me. CONFESSION

DE DÉLIA-BRIOCHE.

—————

Je vous vois toutes sourire à ce nom trivial de *Brioche*, dit Délia ; effectivement il est très-plaisant. Je vais vous en expliquer la cause.

J'ai été fort sagement élevée à l'Ile St. Louis, mais les rigueurs de mon éducation, l'abstinence et le jeûne dans lequel on me tint sevrée de toute espèce de plaisirs, jusqu'à l'âge de 26 ans, causèrent ma perte. Il n'est que trop vrai que trop de sévérité dans la manière d'élever les filles, peut les perdre aussi bien que trop de liberté.

Un soir qu'un de mes oncles paternels arriva du Mans, pour passer quelques temps à Paris et y jouir du spectacle de quelques fêtes publiques, ma mère voulut bien consentir à ce que nous al-

lions voir un très-beau feu d'artifice qui
devait se tirer sur le Pont-Royal : quelle
joie !... quel bonheur ! je n'en fermais
pas l'œil ; vingt-quatre heures d'avance
j'avais déjà disposé ma belle toilette; enfin, nous partons. J'avais les yeux ou-
verts sur tous les objets , comme une
grande sotte : tout me semblait admirable ; j'étais dans un véritable ravissement. Nous arrivâmes aux Champs-
Elysées ; les mâts de cocagne , les co-
mestibles *gratis* , les danses , la foule, la
cohue , tout attirait mon admiration ;
je riais tout haut comme une imbécille ,
je battais des mains aux choses les plus
simples, et quand quelque théâtre, quelque scène venait à m'enlever tout-à-fait,
alors je trépignais , je serrais les mains
de mes voisins , j'embrassais avec passion mon oncle , mon père , ma mère ,
notre servante , jusqu'à Félix , notre
vieux domestique, qui portait nos provi-
sions du dîner dans un grand panier à
compartimens. Bientôt parvenus devant
le théâtre de Bobêche , quel fut mon

nouveau ravissement , quand je vis deux
belles dames , une marquise avec sa soubrette, raisonner sur l'amour en phrases
bien articulées ; quand un sémillant cavalier leur baisa la main , etc. Ce monde
tout nouveau pour mes sens toujours te-
nus dans les plus profondes ténèbres à
cet égard , me confondait d'admiration ;
mes questions à mon bon oncle ne finissaient pas ; j'en étais à ce degré de cette
heureuse journée, quand la nuit venant
à tomber , et la foule à s'épaissir davantage , un beau jeune homme très-bien
mis me serra la main , et trouva même
le moyen de me la baiser avec une ardeur indicible. Je n'entreprendrai pas de
vous peindre le ravage que ce baiser fit
dans tous mes esprits, j'étais hors de moi,
et loin de me fâcher et de retirer ma
main , j'appellai , je provoquai en quelque sorte de nouvelles entreprises, pour
pouvoir démêler ce qui se passait dans
mes sentimens. Dès ce moment délicieux,
plus de mât de cocagne, plus de bobêche , je ne voyais que le bel inconnu qui

K

lui-même, toujours autour de moi, me
dérobait à chaque instant de nouvelles
faveurs. Il avait été déjà fort loin, et je
ne sais si les clartés que répandaient les
fusées volantes, ne l'eussent arrêté, jusqu'où il aurait pu aller derrière mon
oncle et ma mère, tant j'étais docile à
ses désirs. Nous rentrâmes au logis par le
quai des Tournelles ; mon nouvel amant,
loin de m'abandonner, se glissa sous la
remise, au moment où le portier nous
ouvrit la porte-cochère, en ayant soin de
me faire apercevoir son dessein. Heureusement que mes fenêtres donnaient sur la
cour, et que le toit de la remise y tou-
chait presque, ce qui permit à Edouard,
(c'était son nom,) de pénétrer jusqu'à ma
chambre. Quand il y fut, d'abord il se
précipita à mes genoux ; en me faisant,
en termes pompeux, le serment que l'excès de son amour l'avait porté à cet acte
de témérité, mais qu'il n'avait au surplus que des intentions légitimes ; comme mon ingénuité et mon innocence ne
voyaient rien de coupable dans sa démar-

che, et que sa figure d'ailleurs me plaisait
infiniment, je lui répondis *qu'il était bien
honnête et qu'il n'y avait pas de mal
à ça;* sur cette assurance, voilà que ses
transports ne finissaient pas ; si bien que
de transports en transports, il me précipita sur le pied de mon lit, et cueillit
dans mon jardin virginal une fleur que
je ne savais même pas posséder ; il est
vrai qu'il se piqua un peu et moi aussi ;
mais une fois que nous pûmes sans peine
respirer à longs traits le parfum de cette
rose un peu effeuillée, il est vrai, nous
trouvâmes dans son calice des voluptés
qu'il est bien plus facile de goûter que
de définir. Que de choses mon nouveau
professeur m'apprit !... en quelques heures de volupté, je parcourus un quart de
siècle d'expérience. Je ris encore de ma
naïveté : vous êtes un méchant, disais-
je à Edouard : vous m'avez empêchée de
dire mes prières comme à mon ordinaire,
et ma mère me grondera, car j'étais de
force à lui tout conter. Enfin, le jour nous
surprit, moi, prenant une dernière leçon

d'amour , Edouard , éparpillant encore
quelques roses sur les lys de mon sein. Il
fallut bien se séparer ; moment cruel !...
Edouard s'esquiva adroitement pendant
que notre vieux portier balayait le devant
de la porte : j'avais de la peine à marcher;
j'avais le pied très-petit , et l'entorse que
je m'étais donnée, me cuisait singulièrement. Pâle , défaite, abattue, ma mère,
mon oncle me demandèrent si notre pro-
menade m'avait incommodée ; je répondais gauchement , et des esprits plus pé-
nétrans auraient bientôt deviné qu'un
nouveau *Faublas* s'était conduit avec moi
comme avec la petite *Mésange*. Le soir,
j'allais mélancoliquement dans notre jardin, lorsqu'une orange dans laquelle était
placé un petit billet d'Edouard , tomba
à mes pieds; il me suppliait de lui accorder une seconde nuit autant pour l'intérêt de son amour, disait-il , que pour
mon bonheur avenir ; il aurait pu s'épar-
gner les prières , car personne n'était
plus disposée que moi à le mettre bien
chaudement dans mes draps. Je ne con-

cevais même pas son langage qui sup-
posait qu'on pouvait le refuser. Cette
nuit fut plus fortunée encore ; si j'avais
appris à recevoir un baiser , j'avais aussi
appris à le rendre , et dans cet aimable
exercice , il faut avouer que je faisais
des progrès immenses. Édouard même
paraissait quelquefois las de la leçon ,
que je voulais m'instruire , tant l'amour
de l'étude m'emportait !... Il fut convenu
qu'Edouard m'enlèverait ; c'était un commis de la guerre : il m'engagea d'ailleurs
à emporter mes effets et ce que j'avais
de plus précieux , et finit par me pro-
mettre mariage. Ici croiriez-vous , mesdames , que je fis des façons , que j'eus
des scrupules : comment lui dis - je ,
M. Edouard , y songez - vous ?... Vous
voulez être mon mari , mon amant , obtenir le don de mon cœur et de ma main ,
et nous nous connaissons à peine !....
Edouard ne pouvait retenir ses éclats de
rire sur mon ignorance comique ; que
voulez-vous , mes théories n'allaient pas
plus loin , je voyais du mal à faire de

K *

mon amant mon époux , car ma mère
n'avait jamais prononcé devant moi le
mot de mariage qu'avec une sorte d'ef-
froi , et je n'avais cru commettre aucune
faute , en livrant tous les trésors de ma
personne. Expliquez-vous à vous-mêmes,
si vous pouvez, ce comique raisonne-
ment de ma grosse innocence. Bref , je
quittai le toit paternel, pour aller rue
de Malthe , me nicher à un cinquième
étage avec mon amant : tout alla bien
tant que l'argent fut de la partie; mais
Edouard , plus occupé de mes jeunes attraits, que de ses écritures, perdit sa place;
il est vrai que sa famille le soutint quelque temps , en payant ses mémoires du
mois, sur lesquels il ne cessait de mettre
tant *pour une brioche,* (j'étais cette cou-
teuse brioche) ; mais elle se lassa , et un
jour , au lieu du cher Edouard , je trouvai sur son secrétaire un billet d'adieux et
de regrets. Quoique mon amant n'était
pas mon époux , je n'en étais pas moins
grosse; mes couches faites, je retournai
à l'Ile St. Louis, dans l'intention d'ob-

tenir mon pardon de ma mère, mais tout
le monde était parti pour la province,
probablement pour étouffer le bruit de
ma honteuse évasion ; il ne me restait
plus que le Palais-Royal, heureux réfuge
du malheur ; je m'y rendis, et y sous-
crivis un bail de 3, 6, 9. Vous jugez
bien que j'y perdis cette grande innocence qui d'ailleurs causa ma ruine ; j'appris ce que c'était qu'un homme, mais
aucun d'eux ne sut plus avec moi ce que
c'était qu'une vierge. Le nom de BRIOCHE
me resta ; mes compagnes savaient mes
aventures, et cette idée d'Edouard leur
parut si plaisante, qu'elles me baptisèrent
aussitôt pour toujours de ce sobriquet.
Le reste de ma vie galante n'est pas digne d'être raconté.

La naïveté de Délia plut infiniment ;
ce cachet de bonhomie et d'ignorance
empreint dans tout son récit, divertit
beaucoup l'auditoire ; un thé brillant
était servi dans les salles voisines : on
interrompit donc les interrogatoires galans, pour se livrer aux charmes de la

société. Après la collation , on entendit
un charmant concert ; les amis du cœur
y avaient été invités , le lecteur peut
donc bien s'imaginer que tous les genres
de plaisirs s'étaient donné rendez-vous
dans ce voluptueux asile.

15e. ET DERNIÈRE

CONFESSION

D'HORTENSE-SEIN DE NYMPHE EMUE.

Mes chères amies, je n'en ai pas très-long à vous conter ; je ne ferai pas de grandes phrases, comme certaines de mes compagnes ; je n'irai pas chercher midi à quatorze heures ; je vous dirai tout bonnement , qu'après m'être laissée engrossée par l'écrivain de la mairie de mon endroit, je vins faire mes couches rue Mouffetard à Paris ; le collège où je me proposai de mettre mon fils, fut donc, comme ça se pratique , *les Enfans trouvés.* D'abord, je fus servante dans des maisons bourgeoises ; ça allait assez bien alors, car le maître me payait pour ne pas faire la cruelle avec lui quand madame était dans son comptoir ; et madame, de son côté, me faisait des petits présens pour me taire, quand son galant était caché dans l'alcove ou sous le lit. Ce n'était pas tout, mademoiselle, (la fille de la maison,) me carressait, me donnait même de l'argent, pour favoriser ses entrevues nocturnes avec son beau Ferdinand, et le garçon de boutique me donnait des pains de sucre et des bouteilles de liqueurs, (qui ne lui coutaient pas cher, il est vrai.), pour obtenir l'honneur de ma couche. De cette manière l'eau venait au moulin par vingt sources. Cependant à force de tours de passe-passe, on me chassa; je vins à prendre service chez une marchande de modes : rien ne pouvait être plus de mon fait : les messages galans ne finissaient pas; c'était un rendez-vous à *Delta*, puis à *Tivoli*, puis aux *montagnes Belleville*. Le plaisant de l'histoire, c'est que souvent le donneur de rendez-vous oubliait dans mes bras sa belle, et que je prenais sa place dans la partie projetée. Je suis bien d'une figure assez fri-

ponne pour remplacer une marchande
de modes. Tout le monde convint ici
avec Hortense qu'elle avait bien l'air
assez *rouée* pour ça. — Lasse de toutes
ces intrigues sans grand profit, je résolus
de me lancer dans le grand, et à cet effet
je louai une belle robe, un chapeau élégant, un cachemire, et surtout un bel
enfant; et, dans cet équipage, j'allais
m'asseoir avec ma femme de chambre
de louage, aux Thuileries, sur les une
heure. J'y étais à peine qu'un homme
d'un certain âge vint s'asseoir près de moi,
et prit le prétexte *de mon fils*, à qui il
donna des bonbons d'une bonbonière
enrichie de perles, pour lier conversation avec la mère. Je glissai adroitement
que, veuve d'un général tué à Moscou,
j'avais éprouvé de grands malheurs;
bref, il m'offrit son équipage, et 5o
louis furent le prix de cette ingénieuse
équipée. Quelques jonrs après je m'avisai
de faire *la chanteuse voilée*; j'ai la voix
assez belle; j'avais à peine roucoulé trois
à quatre romances près le boulevard

Coblentz, qu'un monsieur, qui avait examiné l'élégance de ma taille, et la blancheur de mes épaules un peu découvertes à dessein, me glissa un billet dans lequel il me fixait un rendez-vous. Cette bonne fortune me valut plus de deux mille écus ; car, jouant la vertu malheureuse, le provincial me mit dans mes meubles et paya au centuple des faveurs que je mettais chaque jour au rabais. De ses mains, je passai dans celles d'un joueur dont j'eus la folie de m'amouracher ; toutes mes richesses passèrent à la roulette, et j'y aurais été jouée moi-même, si mes appas avaient eu cours dans cette maison. Ruinée, et justement punie, je le confesse, de mes indélicates impostures, je fis quelque temps la coquine honteuse ; mais persécutée par le besoin, je me déterminai enfin à me réfugier sous le toit hospitalier des galeries ; là, me disais-je, je ne tromperai plus personne et ne pourrai pas vendre du plaisir à faux poids, puisque je ne me présenterai jamais que pour ce que je suis ;

depuis ce temps *je trotte*, j'arpente le palais, et me félicite chaque jour d'une si sage résolution. Hortense ayant achevé sa narration, madame la Présidente annonça la clôture des Confessions. Alors les dames d'annonces, aidées des maîtresses de cérémonies, apportèrent une riche corbeille ornée de fleurs, dans laquelle on voyait trois couronnes bien distinctes : la 1.re composée de violettes, la 2.e de roses *très-épanouies* et la 3.e de pampres et de raisins. La couronne de pampres et de raisins fut donnée à *Julie la Grosse Rieuse*, comme le joyeux sujet de la troupe, qui représentait le mieux une de ces superbes bachantes qui, dans les fêtes de Sylène, parcouraient la Grèce un tyrse à la main et le front ceint de grappes : sa philosophie naturelle parut d'ailleurs le système le meilleur à adopter dans ce monde, où le plus sage parti à prendre, est de rire de tout : après Julie, Clémentine obtint la couronne de roses *très-épanouies ;* l'intérêt compliqué de ses aventures parut au

L.

grand-juge mériter ce second prix, et
enfin *Rose - pompon* baissa son beau
front pour recevoir la couronne de violettes comme le symbole de la finesse et
du parfum exquis qu'on avait reconnus
dans ses goûts et ses narrations ; il fut
même arrêté à l'unanimité des voix,
que le tour piquant du CADENAS PARISIEN
OU LA PRÉCAUTION INUTILE , qui faisait
une partie principale des événemens de
sa vie galante , serait le sujet de la gra-
vure à placer en regard du titre des CON-
FESSIONS DÉLICATES des Nymphes. Des
accessit d'encouragement furent donnés
à *Délia-brioche*, à *Hortense*, à *Frasea*
et autres. Galatée et Adeline-Nina reçu-
rent même l'accolade fraternelle de madame la Présidente, et enfin la séance fut
levée aux cris de *vive Vénus !* qui re-
tentirent dans toutes les salles. Une table magnifiquement servie était dressée
dans le grand salon de compagnie , où
après s'être copieusement restaurées, nos
Nymphes se livrèrent aux plaisirs de la
danse qui se prolongea très-avant dans

la nuit. Enfin le petit jour mit un terme
à cette fête annuelle. Madame la Présidente se retira la première dans ses petits
appartemens, en exhortant son édifiant
troupeau à se conduire de plus en plus
avec sagesse et décence, et surtout à
bien se garder des loups ravissans qui
rodaient çà et là dans tous les quartiers
de la capitale ; nos Nymphes s'empres-
sèrent de répondre à cette recommanda-
tion que toutes ayant vu le loup maintes
fois, elles le redoutaient fort peu.

Chacun s'en fut se livrer aux douceurs
de Morphée, tirant son rideau sur les
rayons du jour. Tirons aussi le nôtre
sur les Confessions des Nymphes, et dé-
sirons que nos lecteurs trouvent les gâzes
dont nous les avons enveloppées, aussi
légères que gracieuses.

FIN

DE LA 15e. ET DERNIÈRE CONFESSION.

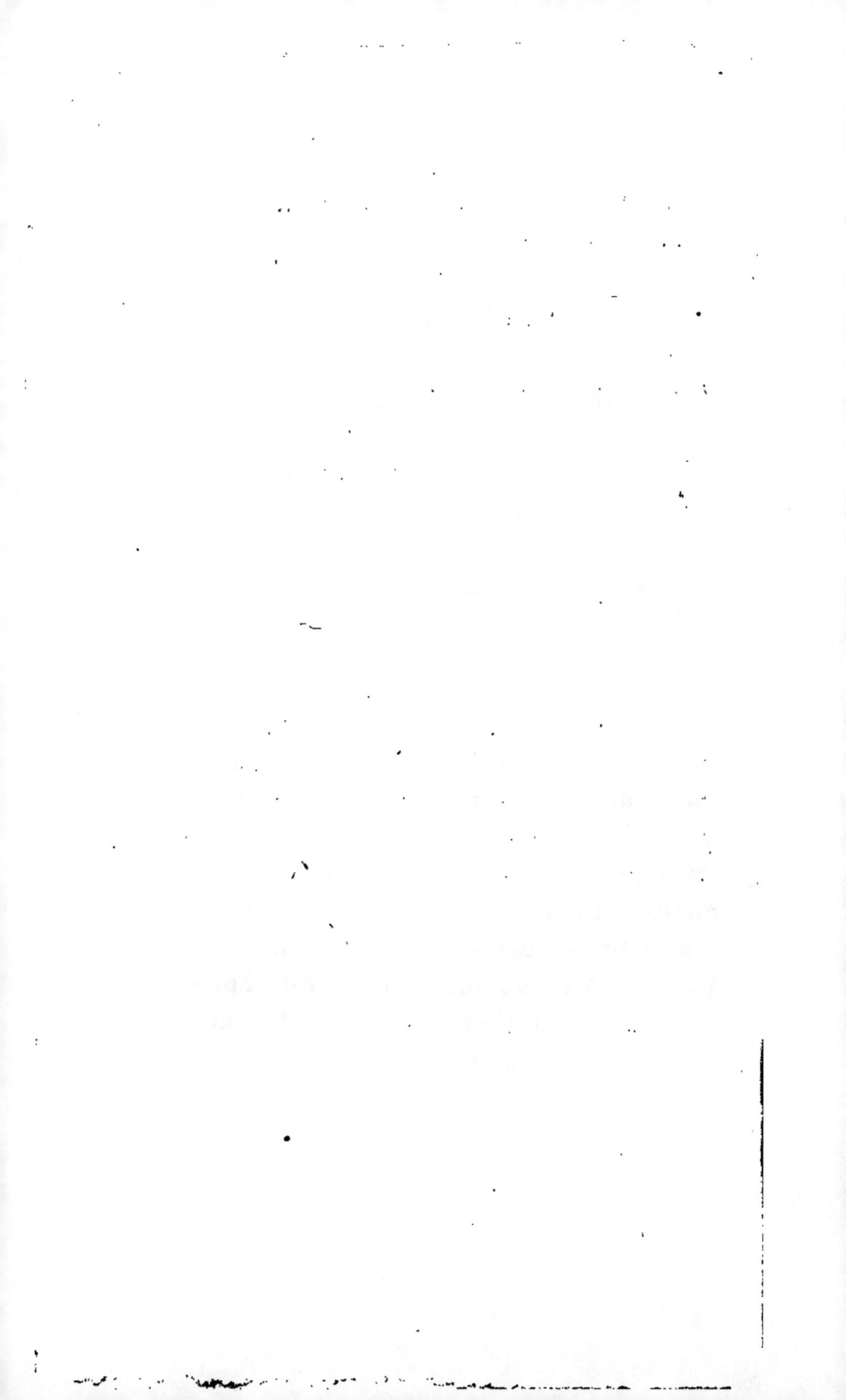

GALERIE GALANTICO-

PHILOSOPHIQUE

Des Farceuses du Palais, Nymphes et Panoramistes des Boulevarts, ainsi que des Rues les plus célèbres de la Capitale.

———

Plus d'un homme, en passant en revue nos belles du Palais dans la galerie, voudrait connaître leurs qualités morales et physiques ; on peut le satisfaire à peu de frais. Comme nous tenons catalogue et un registre couleur de rose satiné à vignettes, bien parfumé de toutes nos galantes amazones qui servent sous les drapeaux de Vénus, nous n'avons qu'à l'ouvrir et le consulter pour contenter nos lecteurs à cet égard.

L *

Lisons :

AU PALAIS-ROYAL.

CLOTILDE *la Romanesque*, belle fille de bonne maison, tête de Niobé, sein d'Atalante, jambe de Terpsycore, sourire enchanteur, caractère doux, mais un peu froid; insensible aux hommages des hommes; libertine par paresse, ne se passionnant que pour la lecture des romans, et préférant ainsi l'*idéal* au réel.

——————

RUE DES COLONNES.

SAINTE-AMARANTHE : Superbe statue, magnifique automate qui se vend à tant par heure; son mécanisme est aussi ingénieux qu'agréable, mais ce n'en est pas moins une froide machine à plaisir.

——————

RUE DU HELDER.

Adèle *la Sémillante* : Charmant enfant de dix-sept ans ; point de volonté que celle de plaire à tout le monde ; elle est blonde, blanche comme du satin, et ses beaux sourcils forment deux arcs bien dessinés au-dessus de ses superbes yeux noirs ; son pied mignon et agaçant entrerait dans son gant. Sa taille est fine et ses bras potelés ; elle pince agréablement de la guitarre et parle assez bien espagnol. Un peu plus de mœurs, et elle pourrait faire le bonheur d'un galant homme.

PATÉ DES ITALIENS.

Rosalie – Calypso : Charmante prêtresse de vingt-un ans ; c'est l'Amour même ; sa main seule, blanche et fine, porte le délire dans tous les sens ; de belles veines bleues se promènent sur

son sein d'albâtre ; son dos èst une perfection de blancheur et de délicat em-
bonpoint ; ses épaules, parfaitement ar-
rondies, sont l'objet de l'admiration des
artistes, et sa tête est celle d'une piquante Roxelane. La nature, en lui
prodiguant tant d'attraits, lui a refusé
l'esprit : mais du moins elle n'est pas
sotte, cause avec enjouement, et d'ailleurs est d'un commerce extrêmement
doux.

RUE DES TROIS FRÈRES.

ELMIRE-LA-PRÉCIEUSE : Jolie prude de
dix-neuf ans. — Où la pruderie va-t-elle
se nicher, nous demandera-t-on ? —
Bonne musicienne, touchant parfaitement du piano, conversation fine et en-
jouée ; point de régularité dans les traits,
mais beaucoup de fraîcheur, et des dents
d'émail. Un peu gourmande et intéressée
(comme elles le sont toutes), et préférant l'or d'un vieux libertin aux caresses
passionnées d'un bel adolescent.

RUE St.-HONORÉ.

HONORINE–*Psyché* : Charmante enfant de dix-huit ans ; modèle parfait de
beauté et de délicatesse, et posant dans
les ateliers des premiers peintres de la
capitale, pour la perfection de ses formes. Honorine a de la délicatesse dans
l'âme, et n'attend qu'un aimable homme
qui veuille l'entretenir pour vivre en
honnête femme : plus par nécessité que
par goût, elle a cédé à l'impulsion des
circonstances : un peu plus de prospérité
la rendrait à la sagesse et à la vertu.

AU BOULEVART COBLENTZ.

ÉMILIE–LA–FOUGUEUSE : Passions de
feu à l'italienne ; caractère indomptable ;
livrée au vice pour le vice même, et
se faisant un jeu de sa dépravation ;
d'ailleurs jolie et bien faite, mais aimant
à la fureur les liqueurs et le punch, et
capable au besoin de se donner un coup

d'épée avec vous, vu son habileté dans les armes.

AU PALAIS-ROYAL.

Virginie-la-Bête : Jolie femme remplie d'attraits à tous égards, mais tout-à-fait stupide, riant à tout comme une sotte, sans sentiment et sans goût, et accordant ses faveurs sans y attacher aucun prix.

BOULEVART DES VARIÉTÉS.

Stéphanie - l'Orgueilleuse. Cette charmante créature, que les vicissitudes humaines ont amenée sur les trottoirs de la galanterie, ne sort pas de son boudoir, côté de la du.....; trop fière pour s'abaisser à offrir ses mercantiles appas, on vient la trouver; trop heureux quand elle daigne encore passer l'amoureux marché avec vous; d'ailleurs elle pince très-bien de la harpe, a une instruction assez distinguée, et vous donne l'illusion complète d'une jeune personne honnête au sein de ses parens.

PASSAGE FEYDEAU.

DELPHINE-LA-GRASSE : C'est une vraie boule de neige sans os ; au moral, une grosse réjouie ; au physique, un massif de carnation très-appétissante. Elle rit, boit, mange et fait l'amour, le sourire toujours sur les lèvres, vit au jour le jour, et ne connaît d'autres dieux que le plaisir et l'oisiveté. C'est une aimable Épicurienne dont la philosophie en vaut bien une autre.

Les bornes étroites de ces feuilles éphémères ne nous permettant pas d'étendre davantage cette folle galerie de portraits, nous sommes forcés de nous arrêter ici pour varier cette lecture par quelques HISTORIETTES que nous allons

raconter : l'uniformité d'un ouvrage,
tel futile qu'il soit , amenant toujours
l'ennui, nous avons constamment cher-
ché à répandre le charme de la variété
sur ces folâtres écrits ; plaise à Dieu que
nos lecteurs nous fassent la faveur de les
trouver trop courts !

MORCEAUX DÉTACHÉS

D'historiettes, lazzis, espiègleries galantes et anecdotes.

La plus grande pyramide d'Égypte fut, dit-on, construite par le produit des galanteries d'une célèbre courtisane nommée Rodope, qui exigeait une superbe pierre de chacun de ses amans ; le nombre en avait été si prodigieux que, du surplus des pierres qui avaient servi à la pyramide, elle en avait fait construire un vaste basar.

STRATAGÈME D'AMOUR.

Un jeune homme dans les bonnes grâces d'une femme entretenue, s'y prit de cette manière pour lui faire présent d'une très-belle robe de velours garnie

M

en dentelles ; et la voici : Une entre=
metteuse se présenta avec cette robe chez
la dame en question, en lui confiant en
secret que c'était une personne de dis=
tinction, ruinée par la guerre, qui cher-
chait à se défaire, par nécessité, de cette
robe, et n'en désirait que cent écus.
Notre *rouée*, d'affecter aussitôt une joie
excessive de ce bon marché ; le pointu
lâche donc bonacement les 300 francs ;
la robe est livrée, et, le soir même, les
cent écus mangés en partie fine avec
l'ami du cœur, chez l'honnête courtière,
à la santé du dindon plumé.

LES PRÉTENTIONS SURANNÉES.

Ah ! madame ! madame !... tout est
perdu, tout est à feu et à sang, on *viole
partout*, criait à tue-tête la femme-de-
chambre d'une vieille comtesse en Prusse,
à Lubeck, après la bataille de Jéna, en
parcourant les appartemens de l'hôtel :
— On viole partout, mon enfant, dit la

comtesse enchantée ; vite mon rouge et mes mouches ! ! !...

LES PALES COULEURS.

Une demoiselle qui avait les pâles couleurs, jaunissait, maigrissait à vue d'œil ; il y a un moyen bien simple, dit le médecin qu'on avait envoyé chercher, c'est de mettre un homme infusé pendant quarante-huit heures dans sa tisane.

Un monsieur qui avait beaucoup voyagé, racontait dans une société, à des dames, que l'opiniâtreté des Turcs, dans une ville bloquée allait à un tel point, que, pour soutenir le siége quelques jours de plus, lorsque les vivres venaient à manquer, on avait la barbarie de couper une fesse à chaque femme de la ville : — Alors, répartit une dame de l'auditoire, si la place demeure vain-

queur, ce n'est pas le front des guer-
riers, mais le demi-derrière des femmes
qu'il faut couvrir de lauriers.

Un jeune homme avait heureusement
brusqué les faveurs d'une jolie femme
dans un bosquet ; mais par l'effet de
circonstances bizarres, ce même jeune
homme ne retrouva sa conquête que
vingt-cinq à trente ans après dans un
cercle de Paris ; d'abord il l'examine,
cherche à se remettre ses traits, et per-
suadé bientôt qu'il ne se trompait pas,
il se glisse près d'elle, et, à l'oreille, lui
dit en balbutiant : « Madame, si je ne
» me trompe, c'est vous qui.... dans ce
» bosquet..... — Hé ! monsieur, je l'ai
» entièrement oublié, répartit-elle vi-
» vement : par ma foi, s'il fallait se
» rappeler de tous ceux qui....»

On divise le sommeil en trois manières
de dormir : on prétend que les jeunes

filles de quinze ans, en roupillant, di-
sent *quand... quand ?...* les femmes de
trente, *encore !... encore !....* et celles
de soixante, *pu... pu...*

LE CHEVALIER D'INDUSTRIE.

Un intrigant n'ayant qu'un habit fort
rapé, était parvenu à se glisser dans la
boutique d'un marchand de draps, et
débutant par des contes, soit plaisans,
soit caustiques, il tâchait de l'étourdir,
afin de mieux faire son coup ; enfin,
après maintes plaisanteries fines, il crut
devoir saisir l'à-propos de glisser un
coupon sous son habit ; mais le marchand s'en apercevant: « Ah ! monsieur,
» on vous passe d'être satyrique, mais
» il ne faut pas emporter *la pièce.*

LES SOURIS.

Un amant flattait l'amour-propre de
maîtresse, en s'extasiant sur la grâce,

M *

la finesse de ses *souris, couleur de lys et de rose.* — Ah! s'écria avec ingénuité sa petite sœur, ce matin, au bain, j'en ai vu une à ma sœur, qui était au contraire bien laide et bien noire.

LA FIOLE

PRISE POUR UNE AUTRE.

Un non-conformiste ayant séduit un joli page, celui-ci finit par en être indisposé : une Bohémienne se trouvait alors dans son voisinage, et se vantait particulièrement de connaître toutes les maladies à la seule inspection des urines; notre page de lui porter aussitôt des siennes dans une petite fiole; mais la prétendue sorcière, qui recevait chaque jour une quantité de ces bouteilles, confondit la fiole de notre petit chérubin avec celle des urines d'une fille enceinte, de sorte que, quand il revint, affectant de lire la destinée à travers les parties

nébuleuses de l'urine : « Hélas ! dit la
» Bohémienne, vous serez grosse dans
» peu de mois !... — Je l'avais bien dit,
» s'écria le page désolé, que monsei-
» gneur finirait par me faire un enfant. »

Un monsieur, qui avait l'haleine extrêmement forte, parlait avec vanité de
ses bonnes fortunes ; aucune femme,
selon lui, ne pouvait lui résister : « A
» peine je l'approche, disait-il, elle est
» aussitôt subjuguée. » — « Probable-
» ment vous soufflez dessus, répartit un
» plaisant. »

Un jeune homme ne sachant comment
s'introduire chez sa maîtresse, dont les
parens lui avaient interdit l'entrée de
la maison, imagina de se mettre dans un
grand coffre portant cette suscription :

TABAC EN CAROTTES ET EN FEUILLES, POUR
REMETTRE A MONSIEUR UN TEL, RUE SAINT-
DENIS, etc.

La jeune fille, au fait du stratagême,
par un petit billet secret qui lui avait
donné avis de la supercherie, fait transporter la malle dans sa chambre, et sa-
tisfait les porteurs; on peut se peindre
les transports des deux amans dans une
entrevue aussi piquante : la nuit se passe
et prête ses voiles aux heureux larcins
de l'amour; mais le papa était malin, et
avait joué lui-même plus d'un tour dans
sa jeunesse. Il soupçonna donc, il est
vrai, un peu tard, quelque fourberie
dans le message; et se faisant apporter
le coffre, il força lui-même la serrure :
on pense bien que les oiseaux étaient
dénichés. — « Ah! ma fille, se mit-il à
» dire, il ne vous suffit pas d'user de
» tabac rapé, il vous en faut encore en
» carottes !.... »

UN ÉCLAT DE RIRE,

UNE VRAIE DÉBAUCHE D'ESPRIT

POUR CONCLUSION.

———

O Démocrite ô le plus savant, le plus aimable des philosophes de l'antiquité, que tu avais bien raison de prendre tout en riant à l'inverse de ton fou d'antagoniste, le pleureur Héraclite ! Et toi ! Vénus, la plus séduisante des déesses, voluptueuse consolatrice du genre humain, que ne devons-nous pas d'obligations aux attrait de ta riante ceinture ? Oui, le dieu du rire, et la reine des amours doivent uniquement régner sur les mortels : en effet, quand on admire les doctrines philosophiques du grand Démocrite, les folies des hommes, leurs vertiges belliqueux, leurs passions plus insensées, leurs grandeurs éphémères, et surtout leurs salamalecks respectueux vis-à-vis les uns des autres, n'y a-t-il pas là-dedans de quoi crêver de rire?.. bien fou était encore cet Yung rembruni, qui, à lui seul, valait une fantas-magorie toute entière : que feu Thiémet, Fitz-James, Brunet, Potier et même Bobèche nous paraissent supérieurs à lui en véritable bon-esprit !.. Potier surtout a peut-être ruiné plus de méde-cins, que le docteur Sangrado n'a fait de victimes à Walladolid, par ses meur-trières saignées et son eau bouillante ! C'est que le rire est à l'âme, ce qu'un exercice violent est au corps : cet acte bienfaisant de physiologie dilate les hu-meurs peccantes, donne une généreuse énergie au systême nerveux, assouplit les nerfs engourdis, et porte dans toute la sphère des idées une activité brillante ; bref, comme dit la *Grivoisiana*, un *gros rire vaut bien mieux qu'une petite larme* ; car une saillie, une folie, une ingénieuse débauche d'esprit,

un couplet bachique surtout, viendra-
t-il à frapper agréablement vos oreilles ?..
aussitôt, les étincelles d'une délicieuse
gaîté pétillent au cerveau ; c'est du
phosphore qu'on y a jété ; l'œil brille
d'un nouveau feu, la bouche s'épanouit
comme une rose sous l'influence d'un
doux zéphire ; le visage s'enlumine et
sort comme d'un deuil douloureux ; le
ventre y gagne aussi beaucoup en heu-
reuses et bienfaisantes agitations, les
impulsions les plus favorables ; vous vous
tordez quelquefois à force de rire d'un
spectacle grotesque, d'une pensée unique en son genre... — ô bonheur sans
prix, vous ne savez pas quel trésor vous
possédez alors ! car le dieu du rire au-
quel le grand Lycurgue avait érigé des
statues à Lacédémone, est selon moi le
plus puissant, le plus généreux des dieux.
L'opulence, la beauté, le bonheur même, ne vous arracheront jamais ces ai-
mables contorsions du rire, mais un
gueux, un bossu viendront-ils à passer,
aussitôt vos sens frappés d'une figure

burlesque et qui sort des formes ordi-
naires, font partir le rire de vos lèvres,
comme une flèche rapide, et le trait
est déjà loin, que votre cœur ressent
encore la douce influence du coup.

En amour, en ambition, le rire est
souvent victorieux: tel Roquelaure qui
arrive aux grandeurs par le chemin des
bouffonneries et la marotte de la folie
à la main : un prince furieux contre un
courtisan a-t-il ordonné sa mort?.. que
celui-ci trouve un trait heureux : «j'ai
ri, « dira Sa Majesté, je suis désarmé. »
la beauté même, inflexible devant l'ago-
nie d'une passion langoureuse, cède souvent *au farceur,* au plaisant qui, par
ses disparates comiques et ses bonnes
bêtises, désarme sa sévérité : le rire, dis-
je, détruit d'abord les rigueurs d'une
grande décence, amène une grande fami-
liarité, et les sens finiront par accorder
à des turlupinades des faveurs que le calme de la réflexion auroit réfusées à l'a-
mour le plus violent. Non, on ne sauroit
nombrer les bienfaits du rire : ils est le

Dieu du Parisien ; plaise à Dieu que le lecteur juge qu'il a été , dans tout le cours de ces folies notre aimable Apollon.

Mais si nous avons fait l'apologie du rire , si nous avons chanté Momus , quel encens ne brûlerons-nous pas au pied de la statue de l'Amour ! N'est-ce pas ce petit dieu malin qui , accompagné de la volupté et de la galanterie , son riant cortège , a fait commettre tous les jolis péchés dont nos NYMPHES viennent de s'accuser dans ces CONFESSIONS DÉLICATES ? Non pas que notre projet soit de les justifier et de les autoriser dans leurs galantes erreurs , mais , d'un autre côté , serons-nous des censeurs bien rigoureux pour elles ? emprunterons-nous la massue d'Hercule pour tuer quelques papillons ?... Non , nous serons sages , comme les législateurs qui les tolèrent ; nous plaindrons surtout leur sort , en espérant , pour leur propre bonheur , qu'un judicieux repentir viendra un jour les tirer des bords du précipice sur lequel

N

elles jouent ; et puis qu'elles ont déjà
fait des CONFESSIONS AUSSI DÉLICATES,
que n'a-t-on pas droit d'attendre de la
réforme de leurs mœurs ?

Toutcela va peut-être paraître au lecteur
une folie, une pure débauche d'esprit de la
part d'un compositeur qui, avant d'é-
crire, s'est proprement *coëffé* le cerveau
de quelques verres de vin de Champa-
pour stimuler sa verve badine. Eh bien,
sous l'enveloppe légère de ces CON-
FESSIONS DÉLICATES, on y a cependant ren-
fermé les plus beaux préceptes de mo-
rale, en divulguant sous les yeux de la
jeunesse inexpérimentée toute la tactique
et l'immoralité des filles, pour séduire
et subtiliser les hommes. « *Ce n'est pas
à la forme qu'il fout s'attacher c'est à
l'apologae.* De même sous un habit d'ar-
lequin, on peut dire les choses les plus for-
tes en sages conseils, car quel est l'esprit,
l'analise de ces Confessions en matière de
galanterie, si ce n'est de montrer sous
des formes anecdotiques la bannalité, la
vénalité dominantes à Paris dans les

classes des femmes publiques ?? N'y prou-
ve-t-on pas sans réplique qu'il n'y a
nulle délicatesse , nulle probité, en fait
de liaisons galantes , et qu'on ne saurait
trop se garder des piéges que la subtilité et
la finesse des femmes tendent à l'amour-
propre et à la crédulité des jeunes-gens ?
c'est peut-être prêcher dans le désert nous
fera-t-on observer , que de moraliser nos
frondeurs étourdis , de leur répéter sans
cesse quils ne sauraient trop ménager
leur santé , leur bourse et leurs tems ? ..
mais enfin si, dans une œuvre ephémère
comme celle-ci , nous nous sommes éver-
tués à signaler tous les écueils des mers
de la volupté ; si, dis-je , nous avons employé nos recherches et nos veilles à dé-
couvrir les guet-àpens les plus dangereux
de la forêt des amours, n'aurons-nous
pas fait notre devoir ? — tant pis alors
pour les téméraires qui iront encore
s'embarquer *sur le fleuve de Tendre* ,
suivant l'expression de Boileau , nous ne
sommes plus comptables de leur naufra-
ge : ma foi , vogue la galère ; et cependant

si ces pauvres naufragés et naufragées, *leurs confessions* à la main , le repentir dans les yeux , venaient se réfugier dans nos ports , après leur avoir fait faire qua-rantaine et quelques mois de pénitence, nous les secourrions de nos nouveaux avis, nous les guiderions encore dans le laby-rinthe d'Idalie , en leur portant ces paroles de paix et d'espérance :

A TOUT PÉCHÉ MISÉRICORDE.

FIN.

~~~~~~

TABLE

DES MATIERES

CONTENUES

DANS CETTE BROCHURE,

———

(151)

FIN DE LA TABLE.

www.ingramcontent.com/pod-product-compliance
Lightning Source LLC
Chambersburg PA
CBHW050000100426
42739CB00011B/2444